MENSCHEN JEDEN ALTERS BEGLEITEN

Anregungen für
Familienangehörige,
Lebens-, Sterbe-, Trauer- Begleiterinnen und Begleiter

Buch

Wir sind Begleiter, egal ob wir unsere Eltern oder Angehörigen im letzten Abschnitt ihres Lebens beistehen, oder ob wir ehrenamtlich bzw. beruflich

"MENSCHEN JEDEN ALTERS BEGLEITEN"

Ich glaube es ist die Liebe, die Nächstenliebe, die uns zu Begleitern macht. Weder ein Helfersyndrom oder unsere eigene Angst vor Krankheit, Einsamkeit, Alter, Sterben und Tod, darf der Grund sein, jemanden zu begleiten. Ich rate jedem sich unbedingt zu prüfen.

Zum Begleiter wird man berufen. Es ist kein Beruf, wie z.B. Schneider oder Rechtsanwalt, sondern Berufung. Es ist auch kein Beruf, den man ausübt. Es ist eine Lebenseinstellung. Begleiter gehören unter anderen Menschen zu denen, die dafür berufen sind, Liebe zu lehren – vorzuleben, Menschenwürde und Lebenssinn zu vermitteln.

Ich gebe Anregungen aus meinen über fünfundzwanzig Jahren Erfahrung als Lebens-, Sterbe- und Trauerbegleiterin.
Ich zeige Wege zum Einstieg in die Begleitung, was wichtig ist in der Begleitung, sowie über den Umgang mit "Schutzbefohlenen". Ich betone nochmals, dass es dabei nicht wichtig ist, ob man jemand aus der eigenen Familie oder fremde Menschen begleitet.

Besonders zeige ich aber Möglichkeiten, wie man sich selbst schützen kann um nicht die Sorgen, Probleme oder Schmerzen anderer Menschen zu übernehmen.

Ich möchte klarstellen, dass für mich "ein Begleiter" nicht für das Männliche steht, sondern für "den Menschen". Jede Frau und jeder Mann, ist "ein Mensch".

© Ilse Jedlicka
1210 Wien
E-Mail: jedlicka@hausdesfriedens.at
Web: www.problemeblockaden.org
August 2020/Dez.2021

Cover: Kathi Jedlicka

Herstellung und Verlag:
BoD – Books on Demand, Norderstedt
ISBN: 9783751957830

Inhalt

vi

EINFÜHRUNG und SELBSTSCHUTZ
Berufung

Ich glaube Gott schenkt uns so viel Liebe, die wir nicht verkraften könnten, würden wir sie nicht weitergeben. Sie ist das Wertvollste, das es in unserem Leben geben sollte. Ich denke, sie ist für die meisten von uns der Grund, dass wir viel von unserer Zeit für andere Menschen da sein wollen.

Weites glaube ich, Menschen, welche liebevoll mit anderen Menschen umgehen sind ein Juwel in unserer Gesellschaft. Das müssen nicht unbedingt regelmäßige Besuche sein, welche ganz sicher der Schliff und die Fassung des Juwels sind. Schon ein Gespräch mit dem Nächsten, aufmerksam und wachsam geführt, kann uns zum „Botschafter Gottes" machen.

Ich bin überzeugt, wenn Sie den Wunsch verspüren Menschen in ihrer Krankheit, auf ihrem letzten Stück des Weges oder in Krisen zu begleiten, hat sich das in Ihrer Kindheit schon bemerkbar gemacht. Sie haben es wahrscheinlich damals noch nicht wahrgenommen. Nämlich nicht als die Wahrheit angenommen, es war Ihnen noch nicht bewusst.

Weiter glaube ich auch, dass Sie im Laufe Ihres Lebens einige spirituelle und übersinnliche Wahrnehmungen hatten. Vielleicht haben Sie sich bis jetzt mit niemandem darüber zu reden getraut, da lade ich Sie zu einem kostenlosen Gespräch ein. Melden Sie sich mit der Angabe, wie Sie mich gefunden haben unter:
jedlicka@hausdesfriedens.at

1

Eine der Voraussetzungen Begleiter, insbesondere Sterbebegleiter zu werden, ist, demütig zu sein.

DE-MUT, in diesem Wort steckt schon das Wort „MUT".

Demut ist das Gegenteil von Hochmut. Ein Begleiter darf weder hochmütig noch überheblich sein, sonst ist er als Begleiter fehl am Platz. Es ist leider so, dass oft Lebens- oder Sterbebegleiter, sowie Psychotherapeuten viel zu überheblich sind. Ihnen geht es hauptsächlich darum, entweder Geld zu verdienen oder „wichtig" zu sein. Da fehlt aber die Liebe. Bei meinen Gesprächen mit Trauernden oder Klienten, kommen immer wieder Menschen zu mir, welche sich von Therapeuten gedemütigt fühlten. Daher bleibt auch der Besserungserfolg aus.

Mein Motor, dass ich immer wieder weiter mache ist, dass ich zur Besserung beitragen darf. Da habe ich schon wahre Wunder erlebt. Dabei habe ich immer das Gefühl, es ist nicht meine Leistung, sondern der Heilige Geist hat gewirkt. Ich war das Werkzeug Gottes. Ich habe unter anderem den Lehrgang: „Ausbildung zum Begleiten bei Exerzitien im Alltag" absolviert. Damals habe ich bei jedem Lehrblock angemerkt, dass diese Ausbildung zu wenig ist, um Menschen in Krisen begleiten zu können.

Ich denke, bei jeder Begleitung ist die Liebe das Wertvollste, das Mitgefühl das Wichtigste und die Lebenserfahrung das Hilfreichste.

Früher war ich der Meinung, jeder Mensch besitzt die Fähigkeit zu begleiten, denn es hat wohl jeder, egal ob jung oder alt, was ja relativ ist - wie das halb volle oder halb leere Glas, - Schmerz, Trauer und Entbehrung erlebt, auch schon als Kind. Ich habe gehört, wenn ein Baby bei der Geburt den mütterlichen Schoß verlässt, erlebt es bereits den ersten Abschied.

Heute weiß ich, begleiten in welcher Form auch immer, verlangt außer Liebe sehr viel Einfühlungsvermögen, Feingefühl, sowie Hingabe und Demut. Bereitschaft für Gott offen zu sein. Hin-Gabe und De-Mut, sich von ihm führen zu lassen. Dann ist es uns möglich, zu spüren, was anderen Menschen fehlt, beziehungsweise, wie wir anderen Menschen helfen können.

Es spielt keine Rolle, ob wir Angehörige unterstützen, ehrenamtlich tätig sind, oder ob wir beruflich begleiten.

Wenn wir beruflich begleiten, werden wir intensiver gefordert und haben weniger Möglichkeit der Abgrenzung. Daher freue ich mich, dass in vielen Krankenhäusern und anderen Institutionen, die mit Betreuung und Begleitung zu tun haben, für ihre Mitarbeiter Supervision angeboten wird. Trotzdem muss sich jeder gut prüfen, ob man für diesen Beruf geeignet ist, ansonsten brennt man zu leicht aus.

Bei der Begleitung oder Betreuung der alt gewordenen oder kranken Eltern, sowie anderer Familienangehöriger ist es sehr schwer sich abzugrenzen. Da sollte man sich Helfer organisieren, die uns bei der Begleitung unterstützen. Die uns z.B. vertreten, damit wir Möglichkeit haben, uns vom Stress, den die Betreuung sehr oft auslöst, zu befreien und loslassen zu können. Wenn es auch nur ein Tag ist oder einige Stunden sind, in denen wir uns „regenerieren" können.

Betrachten Sie Ihr vergangenes Leben, Sie werden merken, ob Gott Sie für diese Auf-Gabe berufen hat. Das betrifft auch die Betreuung der eigenen Eltern.

Es darf kein „MUSS" sein, die eigenen Eltern zu begleiten, zu betreuen oder zu pflegen. Es ist nicht jedem Menschen möglich das zu tun. Wenn z.B. jemand voll im eigenen Berufsleben steht, bleibt weder die Zeit noch die Kraft dafür. Da ist es schon wertvoll den Eltern zu zeigen, dass sie uns wichtig sind. Das

3

muss aber nicht unbedingt selbst pflegen oder begleiten sein. Sehr oft ist es für jeden Beteiligten besser, fremde Hilfe anzunehmen. Wichtig ist es dabei, sich darum zu kümmern, dass die Obsorge liebevoll und zum höchsten Wohle der betreffenden Person abläuft. Man hat dadurch die Möglichkeit, statt Stress, Liebe und Wertschätzung zu vermitteln.

Begleiten heißt, miteinander gehen. Jemanden auf einem Weg begleiten. Für jemanden „DA SEIN", wenn sein Weg beschwerlich ist.

Ein Begleiter muss „Stehvermögen" haben, damit sich der Begleitete auf ihn stützen kann. Er muss aber auch wahrnehmen, im richtigen Moment aufzufangen. Dafür braucht man Erfahrung und Wissen über den Umgang mit Menschen.

Einfühlungsvermögen und Feingefühl gab uns Gott als Gaben mit ins Leben. Wissen und Erfahrung können wir uns aneignen.

Ich habe bisher viele Seminare, Lehrgänge, Studien und Vorlesungen besucht, um mir das Wissen anzueignen, welches man braucht, um Menschen besser verstehen zu können. Von den vielen Büchern, welche ich schon deshalb gelesen habe, ganz zu schweigen. Wenn Sie aber glauben, nun sei ich vollkommen, haben Sie sich schwer geirrt. Wahrscheinlich werde ich bis zu meinem eigenen Lebensende lernen müssen und immer noch nicht jeden Menschen verstehen können, oder wissen, was in ihm vorgeht.

Dazu kommt noch der Umgang mit der Natur. Es sind wenige Begleiter, denen bewusst ist, dass die Liebe zu Tieren und der Natur ein Bestandteil ihrer Aufgabe ist. Ein wichtiger Bestandteil sogar, weil es dabei um die Liebe geht.

4

Ehrenamt

10/07

Wäre das Seminar im Buddhistischen Zentrum nicht kurzfristig abgesagt worden, hätte ich nicht im Fernsehen die Ehrung der ehrenamtlichen Mitarbeiter Österreichs durch Papst Benedikt und Bundespräsident Fischer gesehen.

Beim Fernseher sitzend, fühlte ich mich wirklich angesprochen und geehrt, allerdings mehr vom Bundespräsidenten als vom Papst.

Unser Bundespräsident hat mich bereits des Öfteren, schon als er Nationalratspräsident war, tief berührt.

Ich habe mir die Stunden, die wir „Ehrenamtlichen" „abdienen", nicht gemerkt. Vor etwa 10 Jahren haben einige beherzte Leute, dazu gehörte Jutta Schrutz, angefangen, Ehrenamtliche zu erfassen und die Stunden, die wir der Bevölkerung schenken, errechnet. Das war der Beginn für das Suchregister im Sozialen Dienst und des Kataloges für Selbsthilfegruppen.

Mitleid im Konzentrationslager

Mitleid ist eine Form von Fremdenergie. Ich habe sie unbewusst vor vielen Jahren übernommen und es dauerte einige Zeit, bis ich mich davon befreien konnte.

Als meine ältere Tochter ca. eineinhalb Jahre alt war, war ich im Konzentrationslager Mauthausen. Das KZ war damals noch nicht zur Besichtigung geöffnet, daher war noch sehr viel von der Energie des Krieges an diesem Ort. Ich kannte mich damals nicht so wie heute mit Fremdenergie aus, sonst hätte ich wahrscheinlich anders gehandelt.

Da ich seit meinem achtzehnten Lebensjahr mit einigen jüdischen Frauen befreundet war und der damalige Oberrabbiner Prof. Akiba Eisenberg, der Vater vom pensionierten Wiener Oberrabbiner Dr. Paul Chaim Eisenberg, mein väterlicher Lehrer des Judentums war, wollte ich nachempfinden, wie es den jüdischen Frauen mit ihren Kindern vor der Vergasung ergangen ist. Ich nahm meine Tochter an der Hand und ging mit dem Gefühl, ich wäre eine Jüdin, durch die Baracken zum Bad, in dem statt Wasser aus den Duschen Gas strömte und die Menschen tötete.

Wieder zu Hause in Wien angelangt, hatte ich zwei Wochen starke Depressionen. Da ich seit meiner frühesten Kindheit oft unter Depressionen gelitten habe, konnte ich aber schon ganz gut damit umgehen. Nun aber kam ich aus den Depressionen nicht heraus. Als ich darüber nachdachte, was die Ursache sein könnte, fiel mir das KZ ein. Nun erst konnte ich die Depressionen verstehen. Heute weiß ich, dass diese Depressionen Fremdenergie war, die ich mir selbst geholt habe. Zwar damals unbewusst, aber doch gewollt, weil ich mich in die jüdischen Frauen versetzt habe. In jemand anderes zu versetzen heißt, seine Energie übernehmen.

Kann ein Sterbebegleiter lossprechen?
2002

Auch wenn sie sich mit der röm. kath. Kirche nicht näher befassen, glaube ich, sie wissen noch vom Religionsunterricht, was „lossprechen" heißt. Ich hatte mich zu einem Vortrag bei der Akademie für Lebens-, Sterbe- und Trauerbegleitung im Kardinal-König-Haus angemeldet. Ich habe aber mit einer Freundin, die von Irland auf Besuch da war und wegen des Liedes: „Ein kleines Wegerl im Helenental", das Helenental sehen wollte, den Tag im Helenental verbracht. Wir machten eine kleine Wanderung, ich zeigte ihr den von mir oft besuchten Kreuzweg in Heiligenkreuz und wir besichtigten das Stift. Logischerweise war ich anschließend müde und wollte nicht mehr zum Vortrag.

Nun beginnt es interessant zu werden. Zwei Wochen vorher hatte ich einen Vortrag nicht besucht und damit es nicht heißt, die Ilse Jedlicka ist unverlässlich, wollte ich unbedingt dieses Mal zuhören. Ich fuhr also todmüde nach Lainz. Bevor ich vom Auto ausstieg, überlegte ich noch einmal, ob ich nicht doch nach Hause fahren sollte. Es bestand nämlich die Gefahr, dass ich vor Müdigkeit einschlafen würde. Ich hörte in mich hinein, dabei wurde mir bewusst, dass es einen bestimmten Grund gibt, weshalb ich hier bin. Der inneren Stimme folgend, ging ich in den Saal, wo der Vortrag sein sollte. Ich war zu früh dran, deshalb ging ich wieder zum Auto und wollte nach Hause fahren. Ich hatte den Motor noch nicht gestartet, als ich die Eingebung hatte heute hier sein zu müssen. Also ruhte ich mich im Auto aus und ging dann zum Vortrag.

Beim Vortrag dachte ich nach einiger Zeit: „Das alles, was der Vortragende erzählt, ist selbstverständlich, darüber einen Vortrag zu halten ist gewagt". Es gingen auch zwei Frauen weg. Ich wollte mich anschließen, blieb aber trotzdem sitzen. Wäre vor der Pause gesagt worden, dass es anschließend an die Pause eine Diskussion gibt, wäre ich ganz sicher nicht geblieben. Während der Diskussion fragte ich mich noch einmal was das ist, denn ich wollte gehen und ging wieder nicht. Ich wollte auch nicht sprechen, weil ich ganz einfach nur müde war.

Dann aber entwickelte sich eine heiße Diskussion darüber, ob wir Sterbebegleiter statt einem Priester, im Namen Gottes, Sünden vergeben oder davon lossprechen dürfen. Die Diskussion wurde aggressiv, besonders dem Vortragenden gegenüber, der erklärte, dass Sterben und Tod nicht unbedingt nur von den christlichen Kirchen geprägt sein muss. Verzeihung, Vergebung, Erlösung hat Gott für jeden Menschen gegeben, ohne Ausnahme von Rang, Namen, Herkunft oder Religion.

Wie oben schon erwähnt, ich war sprechfaul. Ich bemerkte aber öfter, dass mich der junge Mann mit dem Mikrophon fragend anschaute. Plötzlich forderte er mich auf zu sprechen und schon hatte er mir das Mikro in die Hand gedrückt. Ich fing aber nicht an zu reden, damit ich die Diskussion der fünf oder sechs Leute nicht unterbreche. Nach einiger Zeit wollte ich ihm das Mikro zurückgeben, er aber sagte ich sollte es noch halten. Es war auch an der Zeit mit dem Vortrag Schluss zu machen. Da mischte sich der junge Mann in das Gespräch und erklärte, dass noch zwei Wortmeldungen, die sehr geduldig gewartet haben, anzuhören sind. Ich war gar nicht nervös, wie ich es sonst bin, wenn ich vor Leuten spreche. Ich stand auch nicht wie die anderen Leute auf, sondern blieb sitzen, wie ich das bei solchen Gelegenheiten immer tue, damit ich nicht so gesehen werden kann. Als ich sprach, wurde es ganz still im Saal. Man hätte außer meiner Stimme eine Stecknadel fallen hören können. Die Leiterin der Akademie stellte sich auf und beobachtete mich mit strahlenden Augen. Viele der anderen Menschen im Saal hatten Bewunderung in ihren Augen, denn ich sagte Folgendes: „Ich bin seit über zehn Jahren Sterbebegleiterin. Wenn ein Sterbender einen Priester verlangt hätte, weil er glaubt, nur durch ihn können ihm Gott oder andere Menschen verzeihen, hätte ich ganz sicher einen Priester geholt. Bis jetzt hat aber bei mir niemand, der im Sterben lag, einen Priester verlangt. Doch werde ich immer wieder gefragt, wie es im Jenseits sein wird. Ich möchte dazu sagen, ich durfte bei einem Unfall vor vierzehn Jahren ein Nahtod- und ein Todesnaherlebnis erfahren. Es war ein unbeschreiblich schöner Zustand. Ich glaubte, im sogenannten Himmel gewesen zu sein. Als ich wieder ins Leben eingetreten war, war mir bewusst, mich hat ein Motorrad niedergefahren. Ich lebe wieder, aber wenn ich umgedreht werde, kann ich doch für immer tot bleiben. Ich war ganz entsetzt, weil ich nicht wusste was ich zu tun habe, wenn ich jetzt sterbe. Doch dann kam ein Satz, den ich ein paar Mal gedanklich sagen musste, um zu verstehen, was er aussagt. Es war als käme dieser Satz von außen und lautete: „Alle die ich verletzt habe, verzeiht mir bitte." Wieder hatte ich ein sehr gutes Gefühl. Ich fühlte mich frei und ungebunden. Bereit zu sterben. Das ist es, was ich Sterbenden vermitteln kann. Wenn jemand am Anfang des Gespräches ganz verkrampft ist und am Ende gelöst, dann glaube ich, ist Vergebung geschehen."

Ich bin mir nicht sicher, ob das was in den Augen des Vortragenden glänzte, Tränen waren. Er sprach sehr gerührt und sah mich dabei liebevoll an, als er sagte, dass es das war, was er vermitteln wollte.

Was meinen Sie, war es der Wille Gottes, dass ich hier war? Ist es für Sterbebegleiter das Wichtigste auf die innere Stimme zu hören?

Ich möchte noch von diesem Abend weitererzählen, damit sie etwas zum Lachen haben. Der nächste und letzte Sprecher war ein evangelischer Pfarrer. Er begann mit dem Satz: „Ich bin einer der nicht gefragten Priester." Alle lachten und nickten mir vielsagend zu.

Wieder einmal freute ich mich, dem göttlichen Ruf gefolgt zu sein. Es gibt mir ein so wunderbares Gefühl, geführt und geleitet zu werden.

Gesprächsführung von Kathi Jedlicka

Eigentlich ist die Gesprächsführung eine Kunst, Technik oder Methode, die am besten jeder beherrschen würde oder sich zumindest damit beschäftigen sollte. Viele Einzelheiten z.b. in Bezug auf Körpersprache sind uns gar nicht bewusst, die aber den positiven oder negativen Verlauf und Ausgang eines Gesprächs bestimmen. Diese Dinge beherrscht oder versteht man nicht von Natur aus, weil man sprechen, denken und fühlen kann, wie manche Menschen behaupten. Eine Einführung auf diesem Gebiet kann jedem egal welcher Berufsgruppe angehörig hilfreich sein.

Es ist nebenbei anzumerken, dass es verschiedene Zugänge oder Techniken (in) der Gesprächsführung gibt, z.B. systemisch, personenzentriert, NLP (Neuro-Linguistisches Programmieren). KlientInnen-Gespräche in der Individualhilfe können den Charakter von Kooperationsgesprächen haben, jedoch auch den von Verhandlungs- oder gar Streitgesprächen. Das „Gesprächsklima" ist nicht unbedingt ein Zeichen der Qualität des Gesprächs. (Pantucek, P.: Skriptum Lebensweltorientierte Individualhilfe und Beratung. 4.3)

Was ich mir für die Zukunft auf jeden Fall merken werde, ist, dass ein DSA (Anm. d. Red. Dipl. Sozial Arbeiter, gilt aber auch für Begleiter) das Gelernte im Umgang mit Klienten zwar oft perfekt ausführt, aber im Umgang mit Kollegen oder im Alltag nicht umsetzen kann bzw. gar nicht auf die Idee kommt, dass er es da anwenden kann. Ich werde also versuchen, auch da die Nerven und den Kopf zu behalten...

Ich glaube das Allerwichtigste, ist das Überprüfen des eigenen Bildes, das während des Gespräches, oft auch schon vorher, entsteht. Man soll dessen bewusst sein, dass man dazu neigt, Vorurteile zu haben, denn das tut jeder. Und im gewissen Sinn ist es auch notwendig, um sich überhaupt eine Meinung bilden zu können. Dieses Bild oder diese Vorurteile beziehen sich nicht nur auf die Person des Gesprächspartners an sich, sondern auch ganz besonders auf seine Gefühle.

Zu oft schließt man voreilig auf die Befindlichkeit und die Gefühle des Gegenübers: „Ich verstehe dich. Mir ist es da auch schon oft so ergangen!" Man soll hinterfragen und so das Bild überprüfen, sodass der Klient/Gesprächspartner entscheiden kann, ob er mit dieser Definition seiner Lage zufrieden ist.

Insbesondere in einem Beratungsgespräch kann man erst dann eine Lösung anbieten, wenn man sich überhaupt sicher ist über die Zustimmung des Klienten. Diese Sicherheit erreicht man, wenn das Gegenüber mit einem Kopfnicken meine Darstellungen bestätigt, denn, wie wir wissen, ist die Körpersprache Großteils ausdrucksstärker als die Sprache. „Der Mensch bringt Leiden ebenso, oft sogar eindeutiger, durch averbales Verhalten -Gesichtsausdruck, Körperhaltung, Handlungen- zum Ausdruck" (Lüssi, Systemische Sozialarbeit, 1.11.c2), was meiner Meinung nach trotzdem keine Garantie der richtigen Interpretation der Körpersprache gibt. Das gilt auch für alle Abmachungen etc.:

GESAGT ist nicht VERSTANDEN - VERSTANDEN ist nicht EINVERSTANDEN-   EINVERSTANDEN   ist   nicht DURCHGEFÜHRT   -   DURCHGEFÜHRT   ist   nicht BEIBEHALTEN
(Zielerreichung nach Andreas Schmied).

Ich glaube, das sollte man sich vor allem als Sozialarbeiter (aber auch in jedem anderen Beruf bzw. ehrenamtlich, wo man es mit einer Klientel, oder auch mit Patienten zu tun hat) immer wieder vorhalten!

Auch Schweigen ist oft etwas, das falsch verstanden werden kann. Es ist schon wahr, dass auch keine Antwort eine Antwort ist, wie das Sprichwort sagt, oder man nach Paul Watzlawick nicht nicht-kommunizieren kann, aber Schweigen kann vieles sagen wollen und verschieden interpretiert werden. Wenn ich mir nicht sicher bin, was man mir mit seinem Schweigen sagen will oder ich es einfach nicht aushalten kann, weil ich gewohnt bin, dass man mich anschweigt, um mir zu demonstrieren, dass ich etwas falsch gemacht habe, dann sollte ich es im Gespräch zum Thema machen, bevor ein falscher Eindruck oder vielleicht eine Kette von Missverständnissen entsteht.

Es gibt also auch in der Gesprächsführung einen Haufen Regeln, wenn man will, eine Einmal-Eins. Eine Zusammenstellung von solchen Regeln oder ein solches Einmal-Eins ist auf dem Handout „Das Personenzentrierte Beratungsgespräch" aufgelistet. Ein paar davon möchte ich herausgreifen:

* Sorge für einen sicheren Rahmen („Setting"): Raum, Zeit, Ruhe usw.

Wie der Beratungsraum seiner Meinung nach aussehen und ausgestattet sein sollte, beschreibt Peter Lüssi in seinem Lehrbuch Systemische Sozialarbeit (2. 1b Die Ausstattung des Sozialdienstes). Ich halte es bei einem Beratungsgespräch für besonders wichtig, dass die Tür möglichst dicht ist, sodass der Klient den Eindruck hat, mit dem Gesprächspartner unter sich zu sein. Er soll den Eindruck der Diskretion haben. Also auch keine Glastüren, wo man von außen hineinsehen kann. Umgekehrt geht es auch darum, dass möglichst keine Reize von draußen hineingelangen, damit das Gespräch ungestört verlaufen kann. Bei aggressiven oder motorisch unruhigen Gesprächspartnern ist das Gespräch im Gehen (Spaziergang) zu erwägen.

Gespräche sollten nicht länger als eine Stunde dauern, da für beide Gesprächspartner die Gefahr der Ermüdung besteht. Dieser Zeitrahmen sollte für beide klar sein.
Es sollte auch „klar ersichtlich" sein, d.h. man sollte eine Uhr für beide gut sichtbar platzieren. Ständiges auf die Uhr Sehen

12

macht kein gutes Klima. Es ist aber notwendig, dass man sich vom Gesprächsverlauf her nach der Zeit, die noch zur Verfügung ist, richten kann. Um der geistigen Ermüdung vorzubeugen und eine gute geistige Verarbeitung der Gespräche zu gewährleisten, sollte der Berater auch mindestens fünf Minuten Pause zwischen den Gesprächen einhalten, ebenso eine Mittagspause. Den Dienstschluss sollte er genau einhalten und versuchen die geistige, oder „gefühlsmäßige" Arbeit nicht mit nachhause zu nehmen. Das nennt man abgrenzen. (siehe auch Lüssi, 3.223.b)

Richtiges Abgrenzen in helfenden Berufen ist auch ein besonders wichtiges Thema. Aber ich möchte in dieser Arbeit nicht zu sehr darauf eingehen. Grundsätzlich geht es darum, das Leben und die Probleme der Klienten nicht zu den eigenen zu machen und die Arbeit vom Privatleben getrennt zu halten. Regelmäßiger Austausch mit den Kollegen, regelmäßige Fort- und Weiterbildung und Supervision helfen dabei und machen unsere Arbeit professionell. Man darf auch nicht vergessen, wie wichtig ein gesundes und ausgeglichenes Privatleben ist!

*Zeige Interesse am Gesprächs-Partner (auch nonverbal).
Man soll durch die Körperhaltung einen interessierten Eindruck vermitteln, ebenso durch Mimik und Bemerkungen sowie Rückfragen und Wiederholungen.
Besonders wichtig ist dies auch in Situationen, in denen ein Dolmetscher vermittelt. Es geschieht zu leicht, dass der Dolmetscher zum GP wird, wenn sich der Berater nicht durch sein Verhalten (seine Körperhaltung etc.) einbringt.

* Ein personenzentriertes Beratungsgespräch ist keine Diskussion. Es geht nicht darum, wer Recht hat, oder wer schuld ist, sondern ob man einander verstehen kann.

Ich darf dem GP keine Meinung aufzuzwingen versuchen. Seine Eigenverantwortung soll gewahrt/gefördert werden.

*Beziehe dich auf die Person, des GP, auf seinen Bezugsrahmen, seine Gefühle, nicht ausschließlich auf das „Problem".
Oft dient die erste Zeit der Beratung dem Kennenlernen und Überprüfen bzw. dem Aufbau des Vertrauens. Da steht das Problem gar nicht im Vordergrund. Oft wird, wahrscheinlich um den Berater zu testen, ein anderes als das tatsächliche Problem („covert problem") vorgeschoben, nämlich das „presented problem" (Pantucek, 4.2.1.,) Es ist also das Augenmerk sowohl auf Inhalt als auch auf die Beziehungsebene zu lenken.

Ähnlich sind „Die 10 Gebote für den Arbeiter in der Gesundheitsfürsorge" vom Netzwerk Klientensachverständige. Großteils decken sich die beiden Quellen: Hier wird allerdings auch noch angeführt, dass man keine unverständliche Sprache verwenden soll. Man soll sich hier so gut es geht auf den Klienten einstellen und eine für ihn verständliche Sprache benutzen (das betrifft auch den Satzbau, nicht nur Vokabular). Ebenso wichtig wie die Regeln, von denen ich nun einige wenige herausgegriffen und erläutert habe, finde ich die Beobachtungskriterien für Praktikanten bei Erst- und Beratungsgesprächen. Es geht hierbei darum, die Gesprächssituation, von der wir ja noch viele erleben werden, zu erfühlen, ein bisschen ein Gespür dafür zu bekommen, beobachten zu üben und gewisse Beobachtungskriterien zu internalisieren.

Wie wirkt der GP/Klient, wie tritt er auf? Was will er, was erwartet er sich vom Berater?... Wie ist die Beziehung zwischen Berater und Klient/GP? Einstieg und Verlauf? Konfliktsituationen? Wie verhält sich der Berater? Wie geht er vor? Wie wirkt er?
Literatur: Pantucek Peter: Skriptum, Lüssi Peter, 1992: Systemische Sozialarbeit, Bern-Handouts Methoden und HF/Handlungsfeld Familie (Plener), Peters Karin: Skriptum zum Seminar „Chancen und Grenzen der Sozialarbeit".

Begleitung von Familienangehörigen und Verwandten
Wir Begleiter müssen trotz aller Fürsorge für andere Menschen
auch auf unsere eigene Familie gebührend achten.

Wahrscheinlich wissen Sie genauso wie ich, dass Begleitung „in
den eigenen Reihen", damit meine ich die eigene Familie und
Verwandtschaft im weiteren Sinne, komplizierter ist, als bei
fremden Menschen. Umso besser muss man sich prüfen, ob
man genug Selbstwertgefühl hat, um über so manche
Verletzungen hinwegsehen zu können.

Ich finde es unverantwortlich, wenn ein Begleiter bei jemanden
aus dem weiteren Verwandtenkreis die ehrenamtlichen
Besuche abbricht, nur weil er private Probleme z.B. mit der
eigenen Schwägerin hat. Noch schlimmer, wenn man das bei
einem Festtag des Menschen tut, der sowieso nicht mehr lange
leben wird, weil er schon schlecht beisammen und 97 Jahre alt
ist. Es macht mich traurig, wenn ich nachfrage, wie es dem
Vater eines Mitgliedes geht und höre, dass er (der Vater) sagt:
„Die Besucherin, welche ich am liebsten hatte, will nicht mehr
zu mir kommen. Was habe ich ihr nur getan?" Dabei hat es aber
nichts mit ihm zu tun, sondern mit dem Unfrieden in der
Familie.

Wenn ich selbst in solchen oder ähnlichen Situationen bin, frage
ich mich immer: „Wie wird es mir für den Rest meines Lebens
gehen, wenn ich diese oder jene Handlung setze und der
Mensch, welchen es betrifft, stirbt?" Ich habe es am eigenen
Leib erlebt und bei einem sehr guten Freund, dass man von
einem Moment auf den anderen tot sein kann. Da hat man keine
Zeit mehr, einen Fehler wiedergutzumachen. Das sollte man
dabei bedenken.

Schon beim plötzlichen Tod eines Freundes vor mehr als
vierzig Jahren, habe ich zu lernen begonnen, liebevoller und
bewusster mit jedem einzelnen Menschen umzugehen. Von
Eltern und Geschwistern habe ich viele Verletzungen

15

hingenommen, um bei meinem oder ihrem Tod nichts bereuen zu müssen. Freilich habe ich so manches Beisammensein gemieden, um Streit oder Beleidigungen aus dem Wege zu gehen.

Um mit dem Gefühl, ich müsse „um des Friedens willen" alles ertragen, besser umgehen zu können, habe ich mir alle möglichen Stellen im Neuen - und Alten Testament in Erinnerung gerufen und nachgelesen. Sie werden merken, dass wir nicht um jeden Preis von den Familienangehörigen alles hinnehmen müssen. Ganz im Gegenteil, da sind wir genauso wie bei jedem anderen Menschen gefordert, Grenzen zu setzen. Wir dürfen uns auf keinen Fall „missbrauchen" lassen. Von keinem Menschen, auch nicht von Familienangehörigen.

1 Johannes 4,7-21
„Liebe Schwestern und Brüder, wir wollen einander lieben; denn die Liebe ist aus Gott, und jeder, der liebt, stammt von Gott und erkennt Gott. Wer nicht liebt, hat Gott nicht erkannt; denn Gott ist die Liebe.....
Liebe Geschwister, niemand hat Gott je geschaut; wenn wir einander lieben, bleibt Gott in uns, und seine Liebe ist in uns vollendet.....
Gott ist die Liebe, und wer in der Liebe bleibt, bleibt in Gott, und Gott bleibt in ihm. Darin ist unter uns die Liebe vollendet, dass wir am Tag des Gerichts Zuversicht haben. Denn wie er, so sind auch wir in dieser Welt. Furcht gibt es in der Liebe nicht, sondern die vollkommene Liebe vertreibt die Furcht. Denn die Furcht rechnet mit Strafe, und wer sie fürchtet, dessen Liebe ist nicht vollendet.
Wir wollen lieben, weil er uns zuerst geliebt hat. Wenn jemand sagt: Ich liebe Gott! aber seinen Bruder hasst, ist er ein Lügner. Denn wer seinen Bruder nicht liebt, den er sieht, kann Gott nicht lieben, den er nicht sieht. Und dieses Gebot haben wir von ihm: Wer Gott liebt, soll auch seinen Bruder lieben."

Da möchte ich Ihnen ein Erlebnis erzählen:
Mein leiblicher Bruder hat mich vor vielen Jahren sehr tief verletzt. Er hat mich mit einem Wort betitelt, was die größte Schmach einer jungen, anständigen Frau bedeutet. Jahrelang

habe ich mich bemüht, ihm zu verzeihen, denn er selbst hat mich bis heute nicht um Verzeihung gebeten. Es ist mir nicht gelungen. Eines Tages hatte ich die Eingebung und betete: „Gott, ich kann ihn nicht lieben, liebe du ihn umso mehr." Gott hat mein Gebet erhört, denn im selben Moment spürte ich, wie *meine* Seele geheilt wurde. Als ich meinem Bruder zwei Wochen danach bei einer Geburtstagsfeier begegnete, sah er mich so liebevoll an, dass ich dachte: „Wenn er nicht mein Bruder wäre, würde ich glauben er ist verliebt in mich." Beim Verabschieden sagte er: „Danke, dass du da warst."
Heute weiß ich, dass Vergebung vor allem die eigene Seele heilt. Aber auch, dass es Liebe ist, Gott um die Liebe für den Bruder zu bitten. Ja, es ist ein Zeichen der eigenen Liebesfähigkeit.

Oft sind Selbstbewusstsein und Selbstwertgefühl - damit ist nicht Überheblichkeit gemeint - jene Hilfen, welche wir brauchen, um über einiges hinwegsehen zu können, beziehungsweise, sich nicht verletzt zu fühlen. Noch richtiger als Schweigen, wären klärende Worte, die jedoch noch mehr Mut und Kraft bedürfen, weil wir doch Angst haben, die wir nach Johannes nicht haben sollten. (Ob er keine Gespräche mit überheblichen oder aggressiven Menschen hatte?) Dabei kann uns auch Beten helfen, um den Mut dazu aufzubringen. Ich glaube, dafür braucht es auch Reife, um eventuelle Vorwürfe anhören zu können und seine eigene Meinung menschenwürdig auszusprechen.

Beim Umgang mit meinen Eltern habe ich auch aus der Bibel Unterstützung bekommen. Ich konnte mir nicht vorstellen, dass Gott nur den Eltern Hochachtung zugesteht, aber den Kindern nicht.
Epheser 6 hat mir geholfen:
„Ihr Kinder, gehorcht euren Eltern, wie es vor dem Herrn recht ist.
Ihr Eltern, reizt eure Kinder nicht zum Zorn."

Und Lukas 8:
„Eines Tages kamen seine Mutter und seine Brüder zu ihm; sie konnten aber wegen der vielen Leute nicht zu ihm gelangen. Da sagte man ihm: Deine Mutter und deine Brüder stehen draußen und möchten dich sehen. Er erwiderte: Meine Mutter und meine Brüder sind die, die das Wort Gottes hören und danach handeln."

Zum Schreiben der Infoblätter für den Verein ARGE Haus des Friedens, besonders aber beim Reden, hilft mir immer wieder: Jesus Sirach
„Halte zur rechten Zeit dein Wort nicht zurück, verbirg deine Weisheit nicht! Denn die Weisheit zeigt sich in der Rede und die Einsicht in der Antwort der Zunge.
Widerstreite der Wahrheit nicht, deiner Torheit sollst du dich schämen.
Unterwirf dich nicht der Toren, nimm keine Rücksicht auf den Herrscher!
Verlass´ dich nicht auf deinen Reichtum, und sag nicht: Ich kann es mir leisten." ....

Die Sonne des Zarathustra

Ich wusste wer Zarathustra war, als ich mit 21 Jahren das erste Mal die Zauberflöte sah. Ob ich deshalb von der Musik und seinen Worten: „In diesen heil`gen Hallen..." so überwältigt war, oder ob es ganz einfach die Sehnsucht nach Geborgenheit, Friede und Gerechtigkeit war, weiß ich heute nicht mehr.

Ein Artikel, den mir eine Bekannte geschickt hat: „Einiges über die Wirkung der **Sonne des Zarathustra**" hat mich an die Zauberflöte erinnert. Weil diese Oper in den letzten Jahren so oft aufgeführt wurde und im Fernsehen zu sehen war, wurde sie mir lästig. Bei dem Artikel merkte ich jedoch, dass diese Oper heute für mich wieder wichtig geworden ist, weil sie mir mehr über die Liebe aussagt als vorher. Das Liebespaar rückte in den Vordergrund und damit die hingebungsvolle Liebe der Partner zueinander.

Als ich aber folgenden Abschnitt gelesen habe, sind mir Tränen über die Wangen gerollt.

Ein tiefer Wunsch, „nach Hause" zu gehen. Das ist womöglich das problematischste dieser Symptome, und das mit den größten Herausforderungen. Es kann sein, dass du den tiefen und überwältigenden Wunsch verspürst, den Planeten zu verlassen und nach Hause zurück zu kehren. Das sind keine „Selbstmordgedanken". Dieses spezielle Gefühl basiert nicht auf Wut oder Frustration. Du willst auch keine große Sache daraus machen oder für dich und für andere ein Drama aufbauen. Es gibt ganz einfach einen stillen Teil in dir, der gerne nach Hause gehen möchte. Der eigentliche Grund dafür ist recht einfach. Du hast deine karmischen Zyklen vervollständigt. Du hast deinen Vertrag für dieses Leben erfüllt. Du bist bereit, in ein neues Leben hineinzugehen, während du dich immer noch im gleichen physischen Körper befindest. Während dieses Übergangsprozesses kommt eine Erinnerung in dir auf, wie es ist, „auf der anderen Seite" zu sein. Bist du bereit dafür, eine weitere „Pflichtübung" hier auf der Erde zu absolvieren? Bist du bereit, die Herausforderung auf dich zu nehmen, in die Neue Energie zu gehen? Ja, in der Tat, du könntest jetzt nach Hause gehen. Aber du bist so weit gekommen, und nach vielen, vielen Leben wäre es sehr schade, vor dem Ende des Films das Kino zu verlassen. Und nebenbei, Spirit braucht dich hier, um auch anderen dabei zu helfen, in die neue Energie hineinzugehen. Sie brauchen einen menschlichen Freund und Führer auf ihrem Weg, jemanden wie dich, der die Reise von der Alten in die Neue Energie gemacht hat. Der Pfad, auf dem du dich gerade befindest, schenkt dir die Fähigkeit, ein Lehrer des neuen göttlichen Menschen zu werden. So einsam und dunkel deine Reise von Zeit zu Zeit auch sein mag, denk daran: Du bist niemals allein.

Begleitung als Lehre

Wenn man jemanden begleitet, heißt das, man geht mit ihm ein Stück seines Weges oder bis an sein Ziel. Das Ziel der Menschen, die wir vom Verein „Arbeitsgemeinschaft Haus des Friedens" begleitet haben, war der Tod.

Für viele Menschen in der heutigen Zeit, ist der Tod der Schrecken des Lebens. Zum einen, weil es bedeutet, von dem für diese Leute schönen und lebenswerten Leben nicht mehr profitieren zu können. Zum anderen wird der Tod, meistens mit Schmerzen verbunden. Heute muss das allerdings nicht mehr sein. Seit unserer Unterschriften-Sammlung zur besseren Schmerzlinderung, vor vielen Jahren, hat sich die Schmerztherapie (Palliativmedizin) sehr verbessert. Viele der unheilbar Kranken, können dadurch ein bewusstes Leben - manchmal bis zum Tod - leben. Dadurch kann der Sterbende sein Leben noch in Ordnung bringen und von seiner Familie und Freunden Abschied nehmen. In solchen „Fällen" ist Begleitung noch dringender.

Ich glaube, alle Menschen sind als Begleiter geboren. Durch unsere Gesellschaft haben es viele verlernt und jene, denen Gott Begleitung als „Gabe" mit-ge-geben hat, sind sehr wichtige Lehrer für die Menschen unserer Zeit. Mir fällt dazu der Satz ein: „Gehet hin und lehret alle Völker." Für mich heißt das nicht, alle Völker zu missionieren oder zu bekehren, sondern, lehren heißt für mich, vorleben bzw. vorzeigen. Das ist die Aufgabe, die wir Begleiter übernommen haben, vorzuleben, wie wir mit kranken oder alten Menschen umgehen müssen, um dadurch das ewige Sein, in Geborgenheit zu erlangen.

Unser eigenes Leben erhält damit eine andere Wertschätzung. Das wiederum bedeutet, die Werte verlagern sich, der Schatz liegt in der Liebe. Doch die Liebe ist zu erlernen, für jene Menschen, bei denen die Liebe bisher zu kurz kam. Alle Begleiter gehören, unter anderen Menschen zu denen, die dafür berufen sind, Liebe zu lehren – vorzuleben und Menschenwürde und Lebenssinn zu vermitteln.

Mitgefühl statt Mitleid

Bei aller Liebe und Zuneigung zu unseren Mitmenschen, dürfen wir Begleiter nicht das Leid anderer Menschen übernehmen, sonst brechen wir unter der Last zusammen, und damit ist niemandem geholfen. Im Gegenteil, wir brauchen dann selbst Hilfe und Begleitung.

Wir sollten lernen mitzufühlen, gleichzeitig sollten wir aber auch lernen nicht mitzuleiden. Ich weiß aus eigener Erfahrung, dass ein Mensch Leid und Schmerz eines anderen Menschen übernehmen kann, doch genau das sollten wir nicht tun.

Der wunderbare, leider schon verstorbene Dr. Ernst Heftner sagte immer: „Ihr dürft euren Rucksack nicht mit den Leiden der anderen Menschen füllen, sonst wird er euch eines Tages zu schwer."

Andere Lehrer für Lebens-, Sterbe- und Trauerbegleitung meinten: „Mitfühlen, aber nicht mitleiden." Einige Beispiele, wie wir uns davor schützen können, um nicht mitzuleiden.

Gott um seinen Beistand bitten.

Beide Hände zum Abschirmen

Etwa zehn Zentimeter mit den Handflächen nach außen vor unsere Brust halten.

Zur Bekräftigung wirken noch die gedachten oder gesprochenen Worte:

„Ich lasse dich nur bis daher."

Cutten,

das heißt; die Verbindung, die beim Zusammensein mit anderen Menschen entsteht, zu durchtrennen. Dabei verwendet man eine Hand wie ein Messer oder ein Schwert und durchtrennt schlagartig die Verbindung.

(„Cutten": Ausdruck des Pranaheilens von Choa Kok Sui).

Der Gedanke, ich kann helfen, indem ich begleite.
Werden Sie sich dessen bewusst, wie viel Ihre Begleitung bewirkt. Wie viel Liebe und damit Kraft Sie durch Ihre Anwesenheit und die richtigen Worte zur rechten Zeit schenken. Damit vermeiden Sie, ein schlechtes Gewissen zu bekommen.

Durch Energetisieren vor Fremdenergie schützen
Farbmantel: In Gedanken einen energetischen Farbmantel über den Körper stülpen; blau, rosa, orange, metallic – gelbes Licht in Körper fließen lassen.

Stehlampe: Denken; Göttliches Licht kommt von oben und fließt über meinen Körper.

Dusche: Unter imaginäre (energetische) Dusche stellen und in Gedanken schützende Energie wie Wasser über den Körper fließen lassen.

Waschen: Imaginäres Wasser in die geöffneten Hände fließen lassen und damit Sinnesorgane und ganzen Körper reinigen.

Selbstwertgefühl

Ich denke, ein guter Begleiter braucht ein gesundes Selbstwertgefühl, dadurch ist er nicht so verletzbar.

Selbstwert-Gefühl, selbstwert Gefühl, Selbst-Wert-Gefühl, Selbstwertgefühl. Alle diese Zusammensetzungen sagen eines aus: „Es geht um unseren persönlichen Wert".

Ich lege bei einem Todesfall oder vor einem Begräbnis den Schmuck ab, und vor dem Tod meines Vaters wurde ich von einer Stimme dazu aufgefordert. Ich möchte Ihnen erzählen, auf welche Weise sich „mangelndes" Selbstwertgefühl ausdrücken kann.

Vor vielen Jahren hatte ich jedes Mal, wenn wir eine Tante oder einen Onkel zu Grabe trugen, das Gefühl, ich muss mir den Schmuck vom Hals und vom Arm reißen. Damals war mir nicht gleich bewusst, warum, trotzdem nahm ich in Zukunft immer den Schmuck vor einem Begräbnis ab, dann ging es mir besser. Eines Tages fiel es mir wie Schuppen von den Augen: „Ich versteckte mich hinter dem Schmuck, wie Adam unter den Bäumen des Gartens". Warum musste ich mich verstecken? Ich hatte so wenig Selbstwertgefühl, dass ich glaubte, mit Schmuck kann ich zeigen, dass ich „wer bin", dass ich „was bin", dass ich „wertvoll" bin. Durch die Erziehung war für mich nur der Mensch „was oder wer", wenn er finanziell „reich" war und das konnte man mit Schmuck zeigen.

Der „Reichtum im Herzen" und die „inneren Werte" waren nicht so wichtig. Sie waren kein Reichtum, denn „sie brachten kein Geld". Seither schmunzle ich in mich hinein, wenn ich die Menschen mit Schmuck behängt sehe. Womöglich auf jeden Finger einen Ring oder dicke Colliers und breite Armbänder. Ein 2,2 cm breites Armband und das dazugehörige Collier hatte ich, bevor es mir gestohlen worden ist, was meiner Meinung nach ein Fingerzeig Gottes war. Dementsprechend minder oder klein war mein Selbstwertgefühl. Wenn ich erfahre, dass jemand gestorben ist, der mir nahegestanden ist, oder beim Begräbnis habe ich das Gefühl, ich begleite den Verstorbenen bis zur Schwelle zu Gott. Vor Gott aber kann ich mich nicht verstecken. Weder hinter Schmuck noch hinter anderen finanziellen Sachen. Vor Gott stehe ich nackt (ohne Feigenblatt). Ihm kann ich nichts vormachen.

Ein mangelndes Selbstwertgefühl oder das Gefühl, nicht viel wert zu sein, ist oft Auslöser von Streit, bis hin zu Kämpfen und Weltkriegen. So wie ich mich hinter einer „Fassade" aus Schmuck verstecken wollte, wollen sich andere Menschen durch ihre Mitmenschen bereichern, das ergibt Streit und führt immer wieder zu Kriegen. Was ich trotzdem bis jetzt nicht verstehe: „Wenn beschimpft, gekämpft, verletzt und zerstört wurde, geht es wieder fröhlich weiter". Warum sind wir Menschen, die wir am Mond landen können, nicht fähig uns mit Worten auszutauschen und zu einigen?

Der Grund dafür ist wieder das fehlende Selbstwertgefühl. Ich habe mich versteckt, seither aber an mir gearbeitet, sodass ich heute vor mir Achtung habe. Menschen, welche sich selbst geringschätzen, können die Werte eines anderen Menschen erst recht nicht schätzen. Oft erlebe ich es auch, dass Menschen, die sich nicht wertschätzen, andere erniedrigen wollen, um sich selbst höhergestellt zu fühlen.

Bei sehr, sehr vielen Menschen, welche ein mangelndes Selbstwertgefühl haben und, die andere Menschen nicht verletzen wollen, doch selbst von Menschen verletzt werden, drückt es sich durch Krankheiten, Depressionen oder Burn Out aus. Besonders sensible Menschen leiden darunter und werden krank. Was kränkt, macht krank, das schrieb auch Erwin Ringel.

Besonders als Begleiter, aber auch beim Umgang und bei der Begegnung mit jedem Lebewesen und der Natur braucht man ein gesundes und liebevolles Selbstwertgefühl. Damit meine ich nicht Überheblichkeit, das wäre ganz falsch beim Umgang mit Menschen. Jedes Tier fühlt auch, ob man ihm gut gesinnt ist, oder nicht. Dementsprechend wird es sich verhalten, außer ein Tier ist hungrig.

Ein Nachbar erzählte mir einmal, dass er des Öfteren, wenn ich nach Hause kam, beobachtete, dass meine Blumen am Gang ihre Köpfe zu mir drehten, als ich vorbei ging. Damals war ich der Meinung, er wolle mir aus Dankbarkeit, weil ich ihn und seine Frau oft tröstete, etwas Liebes sagen. Heute weiß ich, dass so etwas möglich ist.

Eine unserer Begleiterinnen vom HdF meinte einmal: „Ich fühle mich so minderwertig gegenüber meiner Schwester. Sie hat einen Mann, der viel verdient, dadurch konnte sie ein Leben lang zu Hause sein und musste nicht wie ich arbeiten gehen. Sie hat mit ihrer Familie ein Haus gebaut, ich dagegen habe mich vor fünf Jahren im Alter von fünfzig Jahren scheiden lassen, weil ich den ewigen Streit mit meinem Mann nicht mehr ausgehalten habe, und lebe seither in einer Zimmer-Küche Wohnung. Seit einigen Jahren ist ihr Mann in Pension, daher sind sie viel auf Reisen, ich dagegen bin froh, mir einen Urlaub im Jahr leisten zu können." Auf meine Frage, was ihre Schwester außer Reisen und ihren Garten bearbeiten noch macht, fiel ihr nichts ein. Dann sagte sie: „Meine Schwester interessiert sich nicht für Theater, Oper, Operette oder Konzerte. Sie liest nur wenig und das sind leichte Romane. Sie tut auch sonst nichts, um sich in irgendeiner Weise zu bilden oder für andere Menschen da zu sein." Darauf antwortete ich: „Und da meinst du, deine Schwester ist mehr wert als du?" Sie bejahte. Nun war ich an der Reihe aufzuzählen, was mir alles an ihrer Lebensweise gefällt. Zum Abschluss meinte ich noch: „Nimm deiner Schwester das Geld weg, dann ist sie ein Niemand und nimm dir die Liebe weg, dann bist du ein Niemand. Also was meinst du, was ist für die Ewigkeit das Wertvollere? Der finanzielle Wohlstand oder der Reichtum an Liebe?" Ich nenne das „fehlendes Selbstwertgefühl". Es gibt viele Möglichkeiten, um unser Selbstwertgefühl zu stärken. Einige möchte ich Ihnen vermitteln, zum Beispiel:

So werden, wie wir gerne alle Menschen hätten.
Das heißt, uns selbst betrachten, welch schöne und welch unerwünschte Eigenschaften uns prägen. Ich glaube, das ist eine sehr schwere Aufgabe, denn wer hat gerne solche Eigenschaften, die uns bei anderen Menschen nicht gefallen? Nun sehen wir sie aber an uns. Das Abgewöhnen von unschönen Eigenschaften ist genauso schwer, wie das Angewöhnen von schönen Eigenschaften. Doch glauben Sie mir, es ist möglich. Sicher nicht von einem Tag auf den anderen, aber in kleinen Schritten schaffen Sie es. (Ich habe es doch auch geschafft und was ich kann, können sie doch besser als ich. Außerdem gibt es jetzt die Möglichkeit von Blockadenablöse, dann verändert man sich automatisch.)

Ich nenne es „**Gewissenerforschen**", wenn ich am Abend meinen Tag betrachte und Gott darbringe. Wie oft muss ich z.B. sagen: „Heute habe ich wieder meine Tochter mit vermeintlich guten Ratschlägen zugeschüttet. Verzeih mir bitte, und hilf mir, damit ich es nicht wieder tue." Es geht, es geht sogar immer besser, bis ich zufrieden mit mir bin. Das heißt, mein geläutertes Verhalten gefällt mir, ich „selber" bin in meinen Augen „wertvoller" geworden. Das Selbst-Wert-Gefühl steigt. Dabei ist auch keine Gefahr, dass ich überheblich werde, weil das wieder eine Eigenschaft wäre, die mir nicht gefällt. Es kommt noch dazu, dass ich ein Erfolgserlebnis habe, wenn ich mir selbst etwas beibringen konnte.

Nicht „wichtig-machen".
Darunter verstehe ich, wenn sich jemand immer in den Vordergrund rücken möchte. Manche Menschen tun das, nämlich jene, die das Gefühl haben, dass sie für andere nicht wichtig sind. Beginnen wir damit, dass wir uns selbst wichtig nehmen, dann haben wir es nicht nötig, uns bei anderen

Menschen aufzudrängen und wichtig zu tun. Sie selbst werden merken, wie wichtig Sie dadurch anderen Menschen werden.

Meine Tochter hat eine wunderbare Methode das Selbstwertgefühl zu stärken, und zwar:

Sich selbst Zuwendung schenken und Geduld üben.
Sie zündet sich im Bad Kerzen an und bleibt in der gefüllten Wanne so lange sitzen, bis sie sich gut fühlt. Wenn sie vorher ungeduldig wird und aus dem Wasser wollte, ermahnt sie sich sitzen zu bleiben. Sie tut sich damit selbst etwas Gutes. Sie sagt sich, dass sie sich das wert ist. Aus Liebe zu sich selbst, weil hier die Nächstenliebe beginnt. Das heißt, sie macht sich damit bewusst, wie wertvoll sie ist und damit stärkt sie ihr Selbstwertgefühl. Dadurch kann sie aber viel mehr Liebe weitergeben und ist nicht so verletzbar.

Ich stelle mir das so vor: Wenn ich Liebe gebe, sende oder ausstrahle, haben negative Gefühle keine Möglichkeit, in mich einzudringen.

Bescheidenheit üben.
Nun, wie fangen wir das an? Indem wir uns vor Augen halten, was wir zum Leben wirklich brauchen. Sie werden sehen, wie viel weniger das ist, als Sie bisher gedacht haben, es unbedingt besitzen zu müssen. Ich hatte oft Depressionen und Existenzängste. Wenn ich dann überlegte, was ich wirklich brauchte und worauf ich verzichten konnte, merkte ich, dass das so wenig ist, dass ich keine Ängste zu haben brauchte.

Trotzdem soll es Platz geben für etwas, das Freude macht, nur nicht zu viel. Wenn ich schöne Dinge sehe, denke ich jetzt sehr oft: „Man muss nicht alles, was man sieht, besitzen." Ich schaue mir die Dinge an, erfreue mich daran, aber habe nicht mehr das Bedürfnis, es zu kaufen. Außerdem habe ich einige Dinge sowieso zu Hause, die mir Freude machen. Vielleicht sollten Sie manche Sachen, die für Sie nichts Besonderes mehr sind, wegräumen. Nach einiger Zeit sind diese Gegenstände dann wieder aufregender. Ich habe das bei meinen Kindern immer gemacht. Spielsachen, bei denen ich merkte, dass nicht mehr damit gespielt wurde, für einige Zeit weggeräumt und dann wieder hergeholt. Mit einigen meiner „Dekorationen" mache ich es noch immer so.

Demütig werden.
Ich habe schon geschrieben, Demut ist das Gegenteil von Hochmut. Nicht überheblich sein, sich nicht über andere Menschen zu er-heben. Wir alle sind gleich vor Gott, trotzdem sind wir unterschiedlich im Aussehen, in unseren Eigenschaften und in den Gnadengaben. Es kann jemand mehrfach Doktor sein, es wird ihm wahrscheinlich eine Hausfrau ein besseres Gericht auf den Tisch stellen, als er es könnte, oder ein Maler ein Bild malen, usw. Womit wir bei den Gnadengaben Gottes sind, denn nur durch das, was wir Gott nennen, sind wir für das eine oder das andere begabt. Also: üben wir Ehrfurcht vor Gott.

Wenn ich nun betrachte, worum es beim Selbstwertgefühl geht, kann ich sagen: „Immer um die Liebe." Nachdem ich glaube, Gott ist die Liebe – die Liebe ist Gott, heißt das:

„Wenn wir mit Liebe begleiten – begleiten wir mit Gott!"

Um unsere Aufgabe als Begleiter gut ausführen zu können, müssen wir uns selbst gut einschätzen können. Wir dürfen Schwächen haben wie jeder andere Mensch. Aber wir müssen besser als jeder andere Mensch damit umgehen können. Wir müssen unsere Grenzen kennen und diese bei Bedarf auch setzen, sonst brauchen wir bald selbst einen Begleiter. Das ist aber ganz sicher nicht im Sinne unseres „Auftraggebers".

Eine große Hilfe, um das Selbstwertgefühl zu stärken und noch mehr Hilfe, um Weisheit zu erlangen, ist Meditation.

Meditation
Die eigenen Gedanken loslassen, um mich für die göttlichen Eingebungen öffnen zu können und sie auch zu verstehen.

aus dem LEXIKON:
Mittel philosophischer oder religiös-mystischer Versenkung. (lat. Nachdenken, betrachtende Versenkung)

ILSE: Kein Fluchtversuch aus der Realität!

So Vieles zählt man jetzt schon zur Meditation. Die Angebote reichen von Gymnastik und Sport, Autogenem Training und Yoga, bis hin zu kultischem Tanz.

Dr. Erich Aigner (Psychiater), war Lehrer, Begleiter und Berater für uns Begleiter des e.V. „Arbeitsgemeinschaft Haus des Friedens". Er meinte immer: „Die besten Meditationsübungen sind während der Haushaltsarbeiten, zum Beispiel beim Geschirrspülen."

Sie können zu Beginn der Meditation eine Frage an Gott stellen und Sie werden ganz sicher Antwort bekommen. Nicht immer sofort, aber die Antwort wird Ihnen zuteil. Das kann telepathisch sein oder durch einen Schriftzug irgendwo. Ein Wort oder Satz von einem Menschen persönlich, im Radio oder Fernsehen ausgesprochen und vieles mehr.

Nehmen Sie diese Wahrnehmung für wahr. Für die Wahrheit, dann können Sie wahre Wunder erfahren und zur Weisheit gelangen.

Weisheit

Ich weiß nicht, aus welchem Buch ich es kopiert habe, der Autor/die Autorin möge mir verzeihen. Die Aussage dieser Autorin oder des Autors über Weisheit ist schon Weisheit.

Weisheit sieht soweit und so tief, sie blickt vor die Vergangenheit und hinter die Zukunft. Mit anderen Worten, Weisheit setzt ein, ohne irgendwelche Fehler zu machen, weil sie die Situation so deutlich erkennt. Zum ersten Mal müssen wir deshalb beginnen, mit Situationen umzugehen, ohne den verblendenden Fehler zu machen, von einem ICH auszugehen, das noch nicht einmal existiert. Wenn wir diesen Schritt getan haben, werden wir tiefe Einsichten gewinnen und bisher unbekannte Erfahrungen machen, weil wir zum ersten Mal so etwas wie eine neue Dimension wahrnehmen. Wir werden erkennen, dass wir uns tatsächlich zur gleichen Zeit, während wir auf dem Weg weitergehen, bereits am Endziel befinden. Das kann aber nur dann sein, wenn es am Anfang kein ICH gibt und wenn keine Erwartungen vorhanden sind.

Ich sage dazu: „Der Weg ist das Ziel."

Gelassenheit bedarf ständiger Übung

Gelassenheit ist meiner Meinung nach nur für den Menschen ein Geschenk, der sich dessen bewusst ist. Meine Erfahrung damit ist, dass man Gelassenheit üben und pflegen sollte, damit man sich weniger verletzt fühlt. Es ist genau wie mit der Liebe oder einer Blume. Wird sie mir geschenkt, wird sie welken und verdorren, wenn ich sie nicht pflege - die Liebe, genauso wie eine Blume. Wenn ich in mich hineinfühle, empfinde ich, dass Gelassenheit eine Form von Liebe ist. Liebe anderen Menschen gegenüber und was mir sehr wichtig erscheint, für mich selbst. Denn, wenn ich gelassen sein kann, geht es mir gut. Ich habe erst dieser Tage ein paar Mal erlebt, wie sehr ich Gelassenheit gelernt habe. Ich nehme mich selbst wichtiger als früher und bin deshalb auch nicht mehr so „angreifbar". Ich bin sogenannten „Sticheleien" nicht mehr bedingungslos ausgesetzt und von den „Stichen" nicht mehr so verletzbar.

Sich selbst „wichtig nehmen" hat nichts mit Überheblichkeit zu tun, sondern mit Selbstwert. Demut vor allen Geschöpfen, auch vor mir. Vor allem aber ist es so wie auch Reinhold Ruthe in: „Die Kunst trotz allem gelassen zu sein" schreibt, mich Gott überlassen. Wenn ich mein Schicksal und meine Sorgen in „Gottes Hände" legen kann, trage nicht ich die Verantwortung über das was geschieht, sondern ich (über)-lasse Gott „geschehen". Es gelingt trotz allem nicht immer, aber immer öfter, um mit den Worten aus der Werbung zu sprechen. Dann hat auch die Werbung mehr Sinn, als sich von ihr zum Einkaufen verführen zu lassen.

Der kleine Prinz

Viele Erwachsene haben das Buch von Antoine de Saint-Exupery „Der kleine Prinz" gelesen. Bisher hat mir aber noch niemand auf meine Frage: "Was wird in dem Buch beschrieben?" mit „Ein sehr liebevolles Verabschieden." geantwortet. Ich zeige Trauernden sehr oft Stellen aus diesem Buch und es wird dankend als Trost angenommen.

Antoine de Saint-Exupery schreibt zum Beispiel auch: *„Denn ich möchte nicht, dass man mein Buch leichtnimmt. Ich empfinde so viel Kummer beim Erzählen dieser Erinnerungen. Es ist nun sechs Jahre her, dass mein Freund mit seinem Schaf davongegangen ist. Wenn ich hier versuche, ihn zu beschreiben, so tue ich das, um ihn nicht zu vergessen. Es ist traurig einen Freund zu vergessen. Nicht jeder hat einen Freund gehabt."*

Meine Meinung ist: „Tot ist nur, wer vergessen ist." Aber nicht nur das Sterben ist Abschied.

Advent heißt Ankunft. Wer aber ankommen will, muss sich vorher von etwas oder jemandem „verabschieden", um neu anfangen zu können. 2012 nahmen wir von einer Epoche Abschied. Der Maya-Kalender war bei der Wintersonnenwende, den 21. Dezember zu Ende. Die Sterne standen zu diesem Zeitpunkt in einer Konstellation, die es nur alle -zigtausend Jahre gibt. Vielleicht war das für die Mayas der Anlass, damit den Kalender zu beenden. Weiter machen können sie nicht. Ob der Grund dafür, wie in Tschernobyl oder Japan war?

Der Fuchs sagt zum kleinen Prinzen: *„Man sieht nur mit dem Herzen gut. Das Wesentliche ist für die Augen unsichtbar."*

Jeder der begleitet, egal ob Familie, ehrenamtlich oder beruflich, sollte sich das zu Herzen nehmen. Der Tod geht sehr nahe, egal aus welchen Gründen. Auf jeden Fall soll jeder der begleitet, nach dem Tod eines begleiteten Menschen bewusst

Abschied nehmen. Ansonsten ist ein ehrenamtlicher oder beruflicher Begleiter schnell ausgebrannt. Diese Personen nehmen oft den Tod ihrer anvertrauten Person nicht persönlich und trauern daher auch nicht. Was sich im Unterbewusstsein festsetzt und sich eines Tages eventuell als Depressionen oder Burn Out äußert.

Bei Familienangehörigen ist es etwas anders, da nicht fortlaufend betreut oder begleitet wird. Damit meine ich, wenn der Angehörige stirbt, sofort wieder einen und dann den nächsten zu begleiten.
Es wird auch meist mit anderen aus der Familie gemeinsam und bewusst um den Verstorbenen getrauert.

Ich wünsche Ihnen, dass Sie in Zukunft bei Abschieden so denken und alles Neue mit diesen vier Sätzen beginnen:

„Es ist traurig einen Freund zu vergessen.
Nicht jeder hat einen Freund gehabt.
Man sieht nur mit dem Herzen gut.
Das Wesentliche ist für die Augen unsichtbar."

Menschen welche wir begleiten werden zu Freunden!

Ich wär` so gern ein Engel
Seit vielen Jahren habe ich einen Leitsatz, der heißt: „Ich möchte keine Heilige sein, aber ich wär´ so gern ein Engel."
Nun mache ich mir Gedanken darüber, was ich tun oder wie ich sein müsste, damit ich heilig wäre?

Wenn ich mir im Geiste einige „Heilige" vorstelle, müsste ich für das Glaubensbekenntnis sterben. Aber viele sind das schon und wurden nicht „heiliggesprochen". Einige Heilige waren Priester oder Bischöfe, das ist bei mir als Katholikin auch nicht möglich. Meine Schutzpatronin ist die Heilige Elisabeth, die ich sehr verehre und die mir seit meiner Kindheit ein großes Vorbild ist. Sie beschenkte die Armen und gab dabei ihr Vermögen. Ich versuche auch anderen Menschen zu helfen. Jetzt habe ich es: Ich „versuche" anderen zu helfen. Ich helfe auch oft, manches Mal genügt schon ein Lächeln. Oft helfen „ruhig" ausgesprochene Worte, die anderen Menschen Mut machen. Auch finanziell helfe ich. Ich besitze nicht viel, da ich vor Jahren wieder bei null anfangen musste, aber würde ich das Bisschen verschenken?

Ein wenig möchte ich mich schon rechtfertigen. Ich hatte einen großen finanziellen Verlust. Teilweise, weil ich einer anderen Familie keinen Schaden zufügen wollte, aber sicher haben da noch andere Umstände mitgespielt.

Also dürfte ich nicht sagen: „Ich möchte keine Heilige sein", sondern es ist so, dass ich gar keine Heilige sein kann, weil ich eine Frau mit vielen Fehlern bin.

Ein Mensch also, keine Heilige und schon gar kein Engel. Außerdem steht in der Bibel, dass wir alle „Heilige" sind.

Du bist ein Engel

Im Jänner 2000 erzählte ich, dass ich an einem Silvesterabend auf die "Hohe Wand" fuhr und die Hotelwirtin besuchte. Da für diesen Tag/Abend die Küchenhilfe ausgefallen ist, bot ich mich als Hilfe an, da ich mit dem Gastgewerbe vertraut bin. Ihre Reaktion auf mein Angebot war, dass sie freudig sagte: „Du bist ein Engel." Sie sagte nicht: „Du bist ein Schatz." oder: „Du bist wunderbar." oder, oder, oder. Nein, ein Engel.

Dieses Erlebnis und einige andere in diese Richtung, waren der Anlass, Engel „mit anderen Augen" zu betrachten.

Sind Engel Menschen, die im richtigen Moment am richtigen Ort „erscheinen", um zu helfen?

Sind zu diesem Zeitpunkt Menschen die Botschafter Gottes? Haben sie den göttlichen Auftrag dieses oder jenes zu tun oder zu sagen?

Mir fielen einige Erlebnisse dazu ein, bei denen der Mensch, dem ich geholfen habe, denken könnte: „Wer war denn das? Da war doch jemand und ich sehe ihn nicht mehr, war das ein Schutzengel?" Das meine ich nicht überheblich, sondern als nüchterne Überlegung.

Dazu einige Beispiele:

Es war an einem Samstag, als ich die Wohnung putzte. Plötzlich hörte ich einen blechernen Krach von der Straße. Ich schaute beim Fenster hinaus und sah, dass an der Kreuzung ein Auto mit einem Motorrad kollidierte. Ein Mann lag in einer Benzinlache am Boden, aber es waren einige Leute dabei. Ich dachte, dass ich da nicht gebraucht werde. Nach einer Weile hatte ich das Gefühl nachsehen zu müssen. Als ich wieder beim Fenster hinaussah, lag der Mann noch immer in der Lache und einige Meter entfernt standen im Kreis etwa 20 Personen tatenlos und schauten nur. Da wusste ich, dieser Mann in der Lache braucht mich. Ich hatte einen neuen, strahlend gelben

Frottierhausanzug an, deshalb nahm ich ein Handtuch mit, auf das ich mich knien konnte. Als ich zur Unfallstelle kam, sah ich, dass in der Benzinlache ein Feuerzeug lag. Ich kickte es mit einem Fuß weg, da waren die Leute so was von empört. Sie riefen, ich müsse das Feuerzeug für den Lokalaugenschein liegen lassen. Mir stellte es alle Haare auf bei dieser Aussage, aber sagte nur gelassen: "Wollt ihr warten bis jemand darauf tritt und das Benzin sich entzündet?" Niemand sagte darauf ein Wort. Ich breitete mein Handtuch neben dem Verletzten auf den Boden und kniete mich zu ihm nieder. Ich fragte den Mann, ob er mich verstehen kann, denn er hatte noch den Motorradhelm auf. Er bejahte. Dann fragte ich ihn, ob ich etwas für ihn tun kann. Seine größte Sorge war es, dass er die Beine verlieren würde, denn er spürte sie nicht mehr. Ich sprach langsam mit ihm, weil ich weiß, dass man in so einer Situation nicht so schnell denken kann wie im normalen Zustand. Ich forderte ihn erst auf, die Zehen seines rechten Beines zu bewegen, anschließend erklärte ich, nun die Zehen des linken Beines. Da er die Zehen jeden Beines bewegen konnte, konnte ich ihn damit trösten, dass diese Gefahr nicht besteht. Er war sichtlich erleichtert. Dann sah ich, dass er immer unter das Bein, das am Asphalt auflag, griff, darum fragte ich ihn, weshalb er das macht. Er meinte: „Ich habe den Wohnungsschlüssel in dieser Hosentasche und der drückt mich sehr." Daraufhin zog ich ihm den Schlüsselbund aus der Hosentasche, nahm seine Hand und erklärte ihm dabei, dass ich den Schlüsselbund auf seinen Mittelfinger stecke und die Hand schließe. Er solle darauf achten, dass er ihn nicht verliert. Dann wollte er, dass ich seine Frau anrufe, da kam aber bereits die Rettung. Ich erklärte ihm noch schnell, dass die Rettungsleute seine Frau verständigen werden und am Abend komme ich in das Unfallkrankenhaus nach ihm zu sehen. Das habe ich dann auch gemacht, obwohl ich müde war.

Als ich in das Zimmer dieses Mannes kam, saß seine Frau an seiner Seite. Ich stellte mich nur kurz vor, dass ich die Frau an der Unfallstelle war. Da seine Frau bei ihm war; wollte ich wieder gehen. Das erlaubten die beiden aber nicht, der Mann erzählte, dass er einen Milzriss habe und im Krankenhaus bleiben müsse. Sie bedankten sich beide bei mir und ich fuhr wieder nach Hause.

Wenn ich mir nun die Situation beim Unfall vorstelle und ich nicht auch noch ins Krankenhaus gekommen wäre, wo seine Frau dabei war, hätte er da nicht denken können: „Wer war denn das? Lautlos war sie in meiner Not auf einmal da und dann, als ich sie nicht mehr brauchte, war sie verschwunden." Ich blieb nämlich nicht wie die Neugierigen stehen, sondern ging gleich nach Hause. Außerdem hatte ich noch einen gelben leuchtenden Anzug an.

Als meine erste Tochter noch ein Baby war, habe ich das Gastlokal, welches ich seit einiger Zeit vor der Geburt meiner Tochter betrieben habe, aufgegeben. Da ich eine Eigentumswohnung kaufen wollte, konnte ich nicht ohne Arbeit bleiben und musste entsprechend verdienen, daher habe ich nachts mit meinem VW-Bus Zeitungen ausgeführt. Große Mengen, die ich in Schrick und Poysdorf auslud. Von da wurden sie von den Kolporteuren zu den Trafiken in den Orten gebracht. Um dreiundzwanzig Uhr fünfundvierzig fuhr ich von zu Hause weg und um ca. fünf Uhr früh kam ich wieder nach Hause, wenn sich nicht etwas Besonderes ereignete. Dadurch konnte ich Geld verdienen und trotzdem tagsüber bei meiner Tochter zu Hause sein. Mein damaliger Mann blieb die ganze Nacht bei meiner Tochter.

Täglich betete ich zu Gott, er möge mich nicht als erste an der Unfallstelle sein, wenn es Tote dabei gibt. Gott hat meine Gebete erhört, denn ich war oft die erste und einzige Person an der Unfallstelle, da ich zu einer Zeit fuhr, wo wenige Autos unterwegs waren. Nur einmal konnte ich eine Schneewehe fast nicht mehr durchfahren. In der Zeitung las ich dann, dass eine halbe Stunde später ein Ehepaar bei dieser Schneewehe ums Leben gekommen ist.

Einmal kam ich zu einem Unfall von zwei jungen Burschen. Einer von ihnen hatte sich das Auto seines Bruders unerlaubt ausgeborgt und dann den Unfall gebaut. Das erzählte mir sein Freund, der mit ihm gefahren war und den ich bei der Unfallstelle angetroffen habe. Als ich fragte, wo der Fahrer sei, meinte er: „Auf dem Kirschbaum da drüben." Ich holte erst den Burschen vom Kirschbaum, brachte die beiden zum Autobesitzer und sprach mit dem auf die Weise, dass er weniger böse und mehr dankbar sein solle, weil nur das Auto beschädigt sei, aber den Burschen nichts passiert ist. Der hat das auch so von mir angenommen, zumindest so lange wie ich dabei war. Er hatte sicher keine Freude, das Auto reparieren zu lassen.

Ein anderes Mal war ein Jäger mit dem Auto im Wald stecken geblieben. Ich sah den Scheinwerfer seines Autos und zog ihn mit meinem Auto aus dem Wald heraus.

Ein älterer Mann kam mit seinem Lastwagen bei Glatteis nicht weiter, aber konnte sich die Schneeketten nicht montieren, also habe ich sie für ihn montiert.

Wieder ein anderes Mal war ein Mann mit dem neu gekauften Auto eine Böschung hinuntergerutscht.

Ich könnte jetzt einige Seiten über meine Hilfsaktionen schreiben. Mein Vater bewunderte mich deswegen manchmal. Er meinte einmal: „Das würde deine Schwester nie machen." Das war ein großes Kompliment für mich. Aber was ich auch öfter spürte, war die Angst, die er um mich hatte, weil ich dadurch ja oft selbst in Gefahr war.

Bei einigen Gelegenheiten in dieser Zeit könnte ich mir vorstellen, dass jemand dachte: „Da hatte ich einen Schutzengel." Durfte ich in diesen Situationen der „Schutzengel" sein? Sind Menschen Engel bzw. Schutzengel?

Mich rufen manchmal Frauen an, um mich zu fragen, wie sie mit ihren sterbenden Angehörigen „umgehen" sollen. Im Gespräch mache ich sie darauf aufmerksam, dass sie „der Engel" sind, der den Angehörigen bis zur Schwelle des Todes begleiten darf.

In einem Lied heißt es: „Tausend Engel mögen dich begleiten."

Vor einigen Tagen fiel mir ein Billett in die Hand, das mir vor Jahren eine Frau schickte, mit der ich einige Trauergespräche führte. Auf dem Billett stand: „Du warst da, als ich dich am nötigsten brauchte." und die Unterschrift. Da diese Frau noch zu verschiedenen Gruppentreffen und Vorträgen bzw. Workshops kommt, konnte ich ihr bei einem Treffen dieses Billett zeigen. Sie meinte daraufhin: „Ilse, das ist immer noch so."

Darf ich manchmal ein Schutzengel für sie sein? Oder bin ich einfach „nur" eine hilfsbereite Frau, mit „Einfühlungsvermögen"?

DEMENZ – VERWIRRT, WAS NUN?

In der Vergangenheit, besonders in jungen Jahren, wurden der Seele manchmal große Wunden zugefügt, die sich im Unterbewusstsein als Blockaden festgesetzt haben.

Es kann auch sein, dass man selbst Fehler gemacht hat und sich die bisher nicht verzeihen konnte.

Dies und einiges mehr kann bei manchen Menschen Verwirrtheit hervorrufen.

Umgang mit verwirrten Menschen

Um Menschen mit Demenz oder Alzheimer besser verstehen zu können:

„Wertschätzung" wird uns wahrscheinlich in die Wiege gelegt, aber auch von den Eltern vermittelt. Mein Vater hat sie mir schon als Kind beigebracht. Er erklärte mir zum Beispiel, dass verwirrte oder teilnahmslos scheinende Menschen nicht dumm sind, sondern sich in diesem Moment in einer anderen Zeit ihres Lebens bewegen. Es spielt dabei keine Rolle, wie alt diese Leute sind. Es ist wichtig, dass man sich durch Wahrnehmungen und Einfühlungsvermögen, auf ihre Situation einstellen kann. Er meinte, man müsse versuchen diesen Menschen da zu begegnen, wo sie selbst gerade sind.

Inzwischen weiß ich, bei alten Menschen nennt man diesen Zustand der Vergesslichkeit und Verwirrtheit: „Demenz", bei jüngeren ist es eine Krankheit, die Alzheimer heißt.

Warum in einer anderen Zeit?

1. Das Kurzzeitgedächtnis lässt nach und das Langzeitgedächtnis funktioniert noch, daher erleben die Gesprächspartner meistens ihre Kindheit und Jugend wieder.

2. Verletzungen aus der Vergangenheit werden aus dem Unterbewusstsein verarbeitet.

Naomi Feil, eine US-amerikanische Sozialarbeiterin, hat aus diesem Thema einen Lehrgegenstand gemacht und nennt ihn: „Validation". Validation heißt auf Deutsch: „Wertschätzung".

Um verwirrte Menschen besser zu verstehen, kann man sich Folgendes vorstellen. Ich glaube, es gibt kaum einen Menschen, der nicht schon einmal aus dem Schlaf gerissen wurde und plötzlich nicht wusste, wo er sich gerade befindet.

Ich hatte vor vielen Jahren folgendes Erlebnis. Meine ältere Tochter und ich waren dreimal hintereinander auf Kurz-Urlaub. Einige Wochen danach wurde ich nachts wach, setzte mich in meinem Bett auf und wusste nicht, wo ich gerade bin. Durch die Straßenbeleuchtung war es nicht sehr finster, sodass ich die Umrisse der Bilder an der Wand und der Möbel erkennen konnte. Ich sah mich um und dachte: „Mein Gott, ist es hier gemütlich, strahlt dieser Raum eine Wärme und Harmonie aus, da würde ich gerne wohnen. Als ich mich weiter darauf konzentrierte, wo ich war, kam mir ins Bewusstsein: „Ich wohne hier! Das ist mein Zuhause!"

Seither habe ich für verwirrte Menschen noch mehr Verständnis. Trotz Ausbildung bei Naomi Feil und anderen Seminaren in diese Richtung, konnte ich es mir bis dahin nicht richtig vorstellen, wie es verwirrten Menschen geht. Nun habe ich es aber selbst erlebt.

Um verwirrten Menschen dort begegnen zu können, wo sie jetzt stehen, bedarf es einiger Information.

Wir sollten uns ein Wissen über andere Zeiten und Gebräuche aneignen. Wir können das:

- Bei Verwandten über die Lebensgewohnheiten in der Vergangenheit nachfragen.

- Fotos aus der Vergangenheit gemeinsam anschauen, dabei fragen und sprechen lassen.

- Beruf der Eltern, Anzahl der Geschwister und in welcher Reihenfolge.

- Hat Wohlstand oder Armut geherrscht?

- Gab es genug zu essen oder musste man sich beim Essen beeilen, um nicht zu kurz zu kommen.

- Durfte unser Weggefährte eine eigene Meinung haben oder wurde er von anderen, wenn ja, von wem, beherrscht?

- Körperpflege als Kind, junge Frau oder Mann, und im Alter.

- Welche Bade- und Waschmöglichkeit gab es in seiner Kindheit und Jugend?

- Welche Licht- und Heizquellen?

- Lieder aus der Kindheit unserer Weggefährten sind sehr oft eine Hilfe bei dementen Menschen, da Musik bekanntlich tiefer geht und die Gefühle angesprochen werden.

- Der Sprachgebrauch (Dialekt) kann sehr aufschlussreich sein.

- Bei der Kriegsgeneration spielen die Kriegs- und Nachkriegserlebnisse eine wesentliche Rolle.

Was mir noch sehr wichtig erscheint ist, dass besonders verwirrte Menschen spüren, wenn man sie nicht ernst nimmt oder gar verspottet. So ein Benehmen ist in meinen Augen ein sehr schweres Vergehen auch bei gesunden Menschen, aber noch schwerwiegender bei abhängigen Menschen.

Eine Begleiterin von unserem Verein „Arbeitsgemeinschaft Haus des Friedens", machte Besuchsdienst in einem Altenheim. Dabei wurde ihr einmal eine alte Frau ans Herz gelegt mit den Worten, wir haben Probleme mit dieser Frau, weil sie so ordinär ist. Nach einigen Besuchen wusste unsere Begleiterin was die Pflegerin mit „ordinär" gemeint hat.

Die alte Frau war früher eine Bäuerin die Worte verwendete, welche junge Menschen in der Stadt als ordinär bezeichnen, weil sie nicht wissen, dass man früher Ausdrücke verwendete, die damals bei den Bauern aber nicht als ordinär gegolten haben, sondern alltäglich im Ge-Brauch waren. Ein Wort davon war „soachen", was so viel wie „urinieren" heißt.

Ich bin der Meinung, Wertschätzung sagt schon, dass ein Mensch, der anders reagiert als wir, nicht weniger wert ist als wir selbst. Sehr oft ist das Gegenteil der Fall. Die Betreuerin des beschriebenen Altersheimes dürfte ihren Beruf verfehlt haben, weil sie nicht auf die Idee kam, herauszufinden, warum diese alte Frau solche Worte verwendet. Das hat nichts mit primitiv oder ordinär zu tun, sondern ganz einfach mit Brauch, Umfeld und Gewohnheit.

So hat mir jemand erzählt, dass sein Vater immer in einen Kübel uriniert und diesen auf den Kasten stellt. Er machte große Augen als ich ihm erklärte, dass ich mir vorstellen könnte, sein Vater macht mit dem Kübel das gleiche, das er oder seine Eltern früher mit seinem Nachttopf gemacht haben.

Sehr oft kommen Menschen zu mir, weil sie von ihrer Mutter oder ihrem Vater nicht erkannt werden. Einmal war eine Frau ganz bestürzt, weil ihre Mutter sie nicht erkannte und mit dem Gehstock auf sie eingeschlagen hatte. Man muss sich vor Augen halten, was in dem betreffenden dementen Menschen vor sich gehen kann, um ihn zu verstehen. Demente Menschen verarbeiten ihre Vergangenheit und oft ist es das, was ihnen Kummer und Sorgen, Ängste und Not bereitet hat, weil sie es früher verdrängt haben. Doch, wenn der Geist nicht mehr kontrollierbar ist, kommt es an die Oberfläche, wie bei einem Betrunkenen. Es ist auch oft die Kindheit, da man sich als Kind nicht wehren konnte. Nun stellen Sie sich vor, der alte Mensch durchlebt gerade seine Pubertät. Da hatte er noch kein Kind, also kann er auch jetzt sein Kind nicht erkennen. Oder er will wie als Kind schlagen oder sich wehren, z.B. mit dem Gehstock, dabei erkennt er nicht, dass er auf die eigene Tochter schlägt.

Es ist schon traurig, wenn die Eltern das Elternsein verloren haben und wie ein Kind sind, welches uns gar nicht erkennt.

Mein Vater war oft aggressiv, bis meine Schwägerin auf die Idee kam, ihm Beruhigungsmittel in den Kaffee zu geben, selbstverständlich vom Arzt verschriebene. Mein Vater wurde sehr liebe- und verständnisvoll. Ja, sogar zärtlich. Er war immer ein sensibler Mensch, aber er konnte es früher nicht zeigen. Wir beide sind uns charakterlich sehr ähnlich, nur bin ich weiblich und was mir an ihm nicht gefallen hat, habe ich als Kind schon begonnen, mir abzugewöhnen. Daher war ich es, die ihm von uns Kindern oft etwas vermitteln konnte, auch das angstfreie Sterben.

Mit verwirrten Menschen, denen es im Moment gut geht, habe ich kein Problem, weil ich ganz einfach auf ihr Gespräch eingehe. Schlimm wird es für mich, wenn jemand gerade eine Zeit durchlebt, in der es ihm schlecht ging. Da bemühe ich mich, ihn gefühlvoll herauszuholen. Über mein tiefgreifendstes

Erlebnis mit einer dementen Frau habe ich 1994 im INFO-Blatt vom Verein „ARGE Haus des Friedens" geschrieben:

Altensonntag

Wie jedes Jahr war dieser Nachmittag wieder ein fröhliches Fest in der Pfarre geworden. Vorher war noch die Messe für die „Alten und Kranken". Als ich die vielen Leute beim Altensegen betrachtete, wanderten meine Gedanken in die Vergangenheit. Zwei Wochen vorher habe ich meinen „Schützling" verloren. Sie wurde nach ihrem Wunsch meine Wahltante.

Im 84. Lebensjahr war sie, als sie verstarb. Seit dreieinhalb Jahren besuchte ich sie. Einen Tag im Monat fuhr ich siebzig Kilometer zu ihr nach Wiener Neustadt. Der Tag gehörte ihr. Ich machte mit ihr Ausflüge oder wir besuchten ihre Verwandten oder das Grab ihres einzigen Kindes. Zu Weihnachten holte ich sie nach Wien. Vor ca. einem Jahr erkrankte sie und ich fuhr fast wöchentlich zu ihr nach Wiener Neustadt. Warum ich mir gerade jemanden aussuchte, der so weit weg wohnt? Ich denke das war Gottes Wille, und zwar aus folgendem Grund: Vor sechs Jahren hatte ich bei einem Unfall ein Kurz-Tod- und ein Nah-Tod-Erlebnis, die mir die Angst vor dem Tod nahmen. Ich dachte seither, ich könnte Menschen beim Sterben trösten und meldete mich beim Verein: „Arbeitsgemeinschaft (ARGE) Haus des Friedens", dessen Mitglieder ehrenamtlich „Sterbebegleitung" machten, an. Wir haben es inzwischen in Lebensbegleitung bis zum Tod umbenannt.

So hat es sich ergeben, dass es mir eines Tages in den Sinn kam, die Mutter meines Kletterpartners, der vor über achtzehn Jahren verunglückte, in Wiener Neustadt zu besuchen. Aber ich fand das Haus, in dem er damals wohnte, nicht mehr. Alles sah anders aus als früher (ich war seit über 10 Jahren nicht mehr dort). Ich wollte das Grab aufsuchen, um zu sehen, ob auf dem Grabstein schon das Sterbedatum der Mutter stand. Auf dem großen Friedhof fand ich es nicht mehr. Die Friedhofsverwaltung durfte mir keine Adresse geben, also suchte ich den damaligen Chef meines Freundes auf. Dieser konnte sich an seinen Mitarbeiter erinnern und ließ von seinem Steuerberater die Akte ausheben. Solange zurück hatte der sie aber nicht.

In der Meditation kommen mir immer die besten Ideen. Dieses Mal war es jene, eine Bekannte aus dieser Zeit um Hilfe zu bitten. Gemeinsam schafften wir es die Wohnung der Mutter meines toten Freundes zu finden. Ja, die lebt noch, sagten mir ihre Nachbarn, aber seit ca. drei Wochen im Altersheim. Also auf ins Altersheim. Nach vielen Irrfahrten fanden wir es.

Endlich klopfte ich an die Tür, auf der ihr Name stand. Die Tür ging auf - sie stand vor mir - sah mich an und - ihr Gesicht begann zu strahlen. „Wer kommt denn da?" rief sie erfreut. Diese Frau kann mich doch nicht auf Anhieb erkennen, dachte ich und fragte sie, ob sie wirklich wüsste, wer ich sei. „Na freilich die Ilse" rief sie aus, worauf wir uns beide wortlos umarmten.

Anfangs konnte sie nicht glauben, dass ich wiederkommen würde. Aber nach einigen Besuchen war es ihr selbstverständlich geworden. Sie war auch schon vergesslich. Ich musste ihr immer auf einen Zettel schreiben, wann ich wiederkomme. Doch diesen Zettel hatte sie mit Regelmäßigkeit verlegt. Also schrieb ich ihr zusätzlich einige Tage vor dem Besuch eine Ansichtskarte mit einigen, wie ich denke, lieben Worten und wiederholte den Besuchstermin. Als sie dann ein Telefon hatte, war es leichter. Aber sie hatte es auch leichter, mich zu drängen öfter zu kommen. Auch verlegte sie oft alle Telefonnummern. Ich kaufte ein Telefonbüchlein, in das ich die Nummern aller Verwandten eingeschrieben habe, und sie es leichter wiederfinden konnte. Bei schlechtem Wetter sahen wir Fotos an, die ich aus dem Heimkeller holen ließ. Ich habe sie aufgehoben und muss sie einmal zählen, wie viele es sind. Ich glaube einige hundert, kunterbunt durcheinander, auf einige Nylonsackerl verteilt.

Ihre Vergesslichkeit wuchs rapide nach ihrem ersten Krankenhausaufenthalt. Einmal sagte sie zu mir: „Günter hatte doch eine so liebe Freundin, hat er sie geheiratet?" Sie konnte nur mich meinen, aber das wusste sie in diesem Moment nicht. Als es ihr schon sehr schlecht ging, empfing sie mich mit den Worten: „Dich habe ich mit Günter gesehen, dich kenne ich." Günter war ihr längst verstorbener Sohn.

Oft war es schlimm mit ihr, weil der Kummer und die Sorgen, die sie in jungen Jahren hatte, wieder gegenwärtig wurden. Und noch öfter hatte sie Angst, ich würde mir einen Mann nehmen und nicht mehr kommen.

Eines Tages traf ich sie sehr traurig an. Sie fragte mich: „Hast du es auch in der Zeitung gelesen?" Diese Frage hat mich wegen folgendem Grund, bis ins Herz getroffen. Ihr Sohn Günter war zweimal beim Klettern abgestürzt. Beim ersten Mal hat er sich durch glückliche Umstände nur eine Hand gebrochen. Sein zweiter Absturz war jedoch tödlich und beide Unfälle standen in der Zeitung. Ich dachte, sie wäre eben geistig in dieser Zeit. Dem war aber nicht so. Sie war der Meinung in der Zeitung, die am Kästchen lag, gelesen zu haben, ihr Sohn Günter hätte jemanden ermordet. Ich fand in dieser Zeitung nichts davon. Sie erzählte mir, er hätte sich von einem Bekannten Geld ausgeborgt, aber anstatt es zurückzubringen, hat er den Bekannten und dessen Frau in deren Haus ermordet. Sie wollte unbedingt, dass ich ins Gefängnis fahre und nachfragen solle, wie es ihrem Sohn im Gefängnis ginge und ich solle ihm Zigaretten bringen. Wie bei den meisten verwirrten alten Menschen weiß man nicht sofort, in welchem geistigen Zustand sie gerade sind. Ob sie gerade im „Hier und Jetzt" sind, oder in einem anderen Abschnitt ihrer Vergangenheit.

Wie ich schon geschrieben habe, braucht man dafür viel Einfühlungsvermögen. Erst erklärte ich ihr, dass ihr Sohn gerne einen über den Durst trinke, aber so gutmütig sei, dass er niemandem etwas zuleide tun könne. Das bestätigte sie mir auch. Als sie aber nicht locker lies, fragte ich: „Günter ist dein Sohn?" „Ja", war ihre Antwort.

ICH: „Er ist gerne geklettert?"

SIE: „Ja!" Ich machte dazwischen immer eine Pause und habe langsam gesprochen. Meine nächste Frage:

„Er ist beim Klettern abgestürzt?"

SIE: „Ja"

ICH: „Er ist tot?"

SIE: „Ja!"

ICH: „Da kann er nicht im Gefängnis sein?"

Kurze Pause. Dann sagte sie: „Was hat das eine mit dem anderen zu tun?"

Nun wusste ich, dass sie nicht realisieren konnte, dass ein toter Mensch nicht töten oder im Gefängnis „sitzen" kann. Im Gespräch, das wir rundum noch führten, fühlte ich, dass sie fest an dieser Situation klammert und ich sie nicht wegbringen kann. Ich sagte ihr deswegen, dass ich ins Gefängnis fahren und unterwegs Zigaretten kaufen werde, um sie Günter zu bringen. Dann holte ich mir im Café, in dem ich oft mit ihr gesessen bin, einen Kaffee und setzte mich in eine ruhige Ecke mit einer Zeitung vor dem Gesicht, damit niemand sehen konnte, was ich fühlte. Die Serviererin fragte nach meiner Tante und als ich ihr von diesem Vorfall erzählte, war sie der Meinung, ich solle wieder zur Tante aufs Zimmer gehen, die hätte das inzwischen sicher vergessen. Ich kannte aber meine Tante doch inzwischen so gut, dass ich wusste, so würde es nicht sein. Ich zweifelte an meinen Fähigkeiten und dachte: „Nun habe ich Validation gelernt und weiß trotzdem nicht, wie ich mit der jetzigen Situation umgehen soll." Hinter der Zeitung konnte ich aber meditieren und hatte eine geniale Wahrnehmung. Mir kam in Erinnerung, dass vor vielen Jahren - es könnte kurze Zeit nach dem Tod meines Kletterpartners gewesen sein - wirklich ein junger Mann mit dem gleichen Familiennamen meines Freundes einen Einbruch verübte und dabei ein Ehepaar getötet hatte. Mir war klar, dass sie damals vielleicht von Leuten ihrer Umgebung gefragt wurde, ob das ihr Sohn war. Ich kann mir vorstellen, dass das im Herzen einer Mutter hängen bleibt und in der Verwirrtheit an die Oberfläche kommt.

Ich wusste nun, wie ich mich verhalten musste. Ich ging zu ihr auf das Zimmer. Schon beim Eintreten fragte sie mich, wie es ihrem Sohn im Gefängnis ginge. Ich erklärte ihr, dass ich mit dem Gefängnisdirektor gesprochen habe und er hat gesagt, das sei ein Missverständnis, das wäre nicht Günter gewesen, sondern ein anderer junger Mann mit dem gleichen Familiennamen. Sie war hocherfreut und wollte aus dem Bett, um ihre Verwandten anzurufen. „Das habe ich schon vom Telefon beim Eingang gemacht", sagte ich spontan. „Mein Gott bist du lieb!" war ihre Antwort. Dann wollte sie wieder aufstehen und mit dem Verwalter des Heimes sprechen, denn dem müsse man das sagen, war ihre Reaktion. „Das habe ich auch schon getan", erwiderte ich, was sie allerdings nicht akzeptieren wollte. Also hakte ich nach mit der Aussage: „Der Verwalter ist nicht mehr hier. Ich habe ihn beim Eingang getroffen, als er gerade wegging, da habe ich ihm das gleich mitgeteilt. Er freute sich und lässt dich schön grüßen." Wieder lobte sie mich und ich hatte dabei ein schlechtes Gewissen, weil ich doch das alles gar nicht gemacht habe.

Oft hatte sie nun schlechte Erinnerungen, aus denen ich sie herausholen konnte, weil mir ihr Sohn - obwohl wir uns schon acht Jahre kannten - einige Wochen vor seinem tödlichen Unfall davon erzählte. Da sind wir wieder beim Übersinnlichen. Günter hat mir oft und viel von sich erzählt. Doch erst vier Wochen vor dem Unglück erzählte er mir das Wesentliche. Wir saßen in einer kleinen Höhle mitten in einem schwierigen (6er) Steig, an dem er vier Wochen später abgestürzt ist. Er sagte: „Ich erzähle dir jetzt etwas, was ich noch niemandem erzählt habe." Es waren Erlebnisse aus seiner Jugend, die mir geholfen haben, seine Mutter einige Male aus ihrer Traurigkeit herauszuhelfen.

ALS SIE NICHT MEHR AUS IHRER TRAURIGKEIT HERAUS KAM, LIESS GOTT SIE STERBEN.

Obwohl ich weiß, wenn es hier auf Erden noch so schön ist, im Tod ist man geborgen - bin ich doch traurig, sie nicht mehr in meinen Armen halten zu dürfen. Nicht mehr ihre kalten Hände (sie hatte immer kalte Hände) wärmen zu dürfen. Wenn sie mitten im Satz sagte, so hilf mir doch weiter - jetzt braucht sie meine Hilfe nicht mehr. Sie hat eine Lücke hinterlassen. Ich muss die Traurigkeit erst verarbeiten.

Wenn jemand fragt was man mir dafür bezahlt hat, kann ich nur antworten, dass ich sehr reich belohnt wurde. Beim Begräbnis sagte eine Nichte meiner Wahltante zu mir: „Was sie für unsere Tante getan haben, ist einmalig." Wäre das mit Geld oder Gut abzugelten?

Validation

Validation unterstützt den Begleitenden beim Umgang mit dem sehr alten, desorientierten Menschen, der seinen Gefühlen freien Lauf lässt.

Validation akzeptiert den Menschen dort, wo er jetzt steht.

Validation erklärt die Ursache von Gefühlen.

Validation unterstützt den sehr alten Menschen, SEIN Ziel - nicht unseres - zu erreichen.

Validation heißt: den sehr alten Menschen, der in der Vergangenheit lebt, zu akzeptieren und ihm zu helfen, die ungelösten Konflikte der Vergangenheit auszutragen.

Die Grundprinzipien: Jeder Mensch ist anders und wertvoll, wie desorientiert er auch sein mag. Es gibt für jedes Verhalten einen Grund. Der Begleiter muss sich einfühlsam in die Ursache des Verhaltens versetzen. Sehr alte Menschen müssen mit ihrem Leben ins Reine kommen, um in Frieden zu sterben. Sie erleben die Vergangenheit nochmals, um ihr Leben abzurunden und zu rechtfertigen. Wenn emotionale Erinnerungen bestätigt werden, gewinnen alte Menschen ihre Würde wieder. Mit Einfühlungsvermögen („in den Schuhen des anderen gehen") fängt der Begleiter ihre Signale auf und hilft, ihre Gefühle in Worte zu kleiden. Das bringt Selbstwertgefühl. Er teilt ihre Erinnerungen, sieht mit ihren Augen, hört mit ihren Ohren und unterstützt ihren Körperrhythmus.

Desorientierte Menschen besitzen eine intuitive Weisheit. Sie „sehen" „die Qualität von Berührungen": herabsetzende, respektvolle oder warme.

Der Begleiter gebraucht keine autoritären Worte dem dementen Menschen gegenüber wie „sollen" oder „müssen".

Auch keine Fragen, bei deren Antwort der Begleitete nachdenken muss, weil er damit überfordert wäre.

Die Anforderung an den Begleiter verlangen Wertfeststellung und das Stecken von Validationszielen, um eine Überforderung bzw. Frustration zu vermeiden.

Validation – ein Weg zur Versöhnung?

Entsetzen packte mich, als mir bewusstwurde, dass die Aggression meines Vaters mir gegenüber, nicht mir gilt, sondern Zeichen von Desorientierung ist. Nun muss ich mich damit auseinandersetzen. Es ist sehr schmerzhaft, und trotzdem habe ich das Gefühl, Gott teilt mir aus Liebe diese Aufgabe zu. Für mich heißt es, Abschiednehmen vom „Vater", denn er wird oft nicht mehr mein Vater sein, sondern ein verletzter, hilfloser Mensch, der nach Liebe ruft. Ich muss mich an die Verletzungen gewöhnen und lernen, mit Aggressionen umzugehen. Bis jetzt bin ich immer davor weggelaufen. Ich konnte nur in Harmonie leben, Aggressionen machten mir Angst. Ich darf vor meinem Vater keine Angst mehr haben, aus Liebe zu ihm, aber auch aus Dankbarkeit. Er hat mir nicht nur Leid gebracht, er war auch oft da, wenn ich seinen väterlichen Schutz brauchte. Zum Glück habe ich die Ausbildung „Validation" gemacht und auch schon Menschen validiert. Beim eigenen Vater ist es jedoch etwas schwerer, noch dazu, weil er immer schon jähzornig war und meiner Meinung nach, hätte er kein Recht den Jähzorn auszuleben.

Ich wünsche mir, dass Gott mir genug Kraft gibt, um immer die Ruhe bewahren zu können, damit ich meinen Vater richtig begleiten kann. Wahrscheinlich werde ich dann vieles verstehen, was ein Leben lang zwischen uns passierte. Vielleicht kann ich eine Versöhnung mit seinem verstorbenen

Vater herbeiführen, so, dass mein Vater Frieden findet und mit diesem Frieden einmal sterben kann.
Das wäre gelungene Validation – oder Liebe?

Wie können wir uns vor Demenz schützen?
o   Vorbeugend mit schlechten Erinnerungen aus der Vergangenheit auseinandersetzen.
o   Sich selbst verzeihen, wenn wir Fehler gemacht haben, bzw. wenn uns schlechtes Gewissen plagt.
o   Ev. mit Menschen sprechen, mit denen es Probleme gab.
o   Was ich bis vor etwas über zehn Jahren noch nicht wusste: Jetzt Blockadenablösen durchführen lassen, anstatt im Alter dement zu werden.

Ich habe inzwischen bei einigen dementen Menschen Blockaden abgelöst. Es war immer ein Sohn oder eine Tochter, die als Stellvertreter „standen". Sie konnten dadurch auch ihre verwirrten Eltern besser verstehen. Während der Ablöse erfuhren sie nämlich, was in ihren Elter vor sich geht und was sie verwirrt.

Ich habe aber auch bei Menschen mit beginnender Alzheimer und Demenz Blockaden abgelöst.
Es besteht auch die Möglichkeit, vom Unterbewusstsein zu erfahren, ob man demenzgefährdet ist.

Am Ende des Themas Demenz möchte ich zwei äußere Zeichen erklären.
Das eine ist „zepperln", das sind kleine, abgehakte, schlürfende Schritte.
Schlürfende Schritte, (ohne abgehakt und klein) haben eine normale Gelänge, doch die Beine werden beim Gehen nicht angehoben. Das ist oft ein Zeichen von Müdigkeit oder

Bequemlichkeit. Zepperln dagegen, ist ein Zeichen von beginnender Demenz.

Das zweite ist die Körperhaltung. Ein zufriedener gesunder Mensch hat eine aufrechte Körperhaltung. Man sagt auch: „ein aufrechter" Mensch. Ein Unzufriedener, trauriger, geplagter oder kranker Mensch, lässt die Schultern hängen oder geht gebeugt. Auch das trifft bei dementen Menschen zu.

Bei meinem Vater habe ich gemerkt, als er zu zepperln begonnen hat. Ich habe mit ihm darüber gesprochen und er hat mich gefragt, was er dagegen tun kann.
Ich machte ihn darauf aufmerksam, dass er sich beim Gehen auf „gesunde" Schritte konzentrieren soll. Dass er bewusst die Beine beim Gehen anheben soll.

Mein Vater hatte immer einen aufrechten Gang, bis eben die Demenz begann. Auch das haben wir beide besprochen, dass er bewusst aufrecht gehen soll.

Er hat es gemacht. Beim nächsten Besuch merkte ich die Besserung seines Gesamtzustandes. Mit Freude hat er mir über seinen Erfolg erzählt.

Als mein Vater dement wurde, war er sehr aggressiv. Ich schrieb damals im Infoblatt unseres Vereines:

Die Liebe als Therapie
(1999)

Wieder einmal war es am Altensonntag, den wir jedes Jahr mit alten und kranken Menschen in unserer Pfarre feiern, wo mir „die Erleuchtung" kam. Zwei Stunden bevor ich wegfuhr, um eine alte Dame abzuholen und sie in das Pfarrhaus zu bringen, hörte ich Musik und vertiefte mich ins Gebet.

Mein Vater trat mir ins Bewusstsein, er dürfte an der Alzheimer Krankheit leiden und ist sehr aggressiv. Ich habe vor einigen Monaten schon darüber im Artikel: „Validation – ein Weg zur Versöhnung" geschrieben. Plötzlich wurde mir bewusst, wie ich das Verhalten meines Vaters annehmen könnte, er will doch gar nicht so sein, wie er ist. Diese Krankheit nimmt ihm nur die Kraft dagegen anzukämpfen.

Seine Hysterie, die mich mein Leben lang belastete, war vielleicht schon der Beginn. Ich wusste, ich muss meinem Vater sagen, dass ich ihn lieb` habe. Wie so oft hatte ich das Gefühl, ich müsse es ihm sofort sagen, denn im nächsten Moment könnte es zu spät sein. Daher rief ich ihn gleich an und teilte ihm meine Liebeserklärung mit. Ich sagte ihm, dass ich ihn lieb` habe. „Seit wann wieder?" war seine Antwort. Worauf ich ihm antwortete: „Immer schon, nur du merkst es nicht. Ich merke auch nicht, dass du mich lieb` hast und nehme schon an, dass du es tust." Ob er diesen Satz verstanden hat, weiß ich nicht. Da er doch meistens sehr präzise denkt, nehme ich es aber schon an.

„Na ja" meinte er als Nächstes: „Du explodierst halt immer und dann tut es dir eh' wieder leid." Ich musste herzlich lachen und erinnerte ihn, dass ich seit über zwanzig Jahre nicht explodiert sei. Er könne doch meine Töchter fragen. „Na ja" meinte er darauf, „Einmal der Gigl und einmal der Gogl." Was immer er damit sagen wollte, ich gab ihm darauf keine Antwort und sprach von etwas anderem. Obwohl er es war, der mich mit seiner Strenge dazu erzog, immer zu antworten, war er erleichtert, dass ich es nicht tat. Wir plauderten eine dreiviertel Stunde lebhaft miteinander über alles Mögliche. Seine Stimme, die am Anfang unseres Gespräches sehr welk klang, blühte auf.

Ich glaube, ich habe den Weg gefunden, den ich mit ihm gehen kann und habe mir fest vorgenommen, wenn er aggressiv wird, sofort etwas Liebes zu sagen, somit nehme ich ihm den Wind aus den Segeln. Auf der Friedensakademie habe ich gelernt: „Der, dem du eine Rose schenkst, schießt nicht auf dich." (Diese Aussage erinnert mich immer wieder an meine Schutzpatronin, die Hl. Elisabeth.) Diese werde ich mir bei meinem Vater auch vor Augen halten.

Inzwischen sind drei Wochen vergangen. Mein Vater hat mich drei Mal in dieser Zeit angerufen, was er sonst im ganzen Jahr nicht machte. Seine Stimme war voll Leben, eine Innigkeit in seinem Ton.

BEGLEITERFAHRUNG
Durch inneren Frieden zu sich selbst finden
6/07

Mit dieser Einleitung haben wir vor einigen Wochen in einer Tageszeitung inseriert. Einer der Anrufer war Sepp. Seine Frau Gabriela war im Februar dieses Jahres nach einer 13 Jahre andauernden sehr schweren Krankheit gestorben.

Gabriela war Diplomkrankenschwester, und immer, wenn es ihr besser bis gut ging, arbeitete sie im Krankenhaus. Wenn es ihr schlecht ging, kündigte Sepp seine Arbeit und blieb bei seiner kranken Frau zu Hause. Nach einigen Monaten, wenn sie wieder arbeiten konnte, suchte auch er wieder eine Arbeitsstelle. Zum Glück, oder weil Gott es so wollte, arbeitete er im Gastgewerbe, sonst hätte er sicher viel schwerer, wenn überhaupt, immer wieder schnell Arbeit gefunden.

Diese Vorgangs- oder Umgangsweise der beiden, die zwei Kinder hatten, welche inzwischen keine Kinder mehr sind, da sie 15 und 21 Jahre alt geworden waren, zeigt schon ihr liebenswertes Wesen.

Wie kann es da anders sein, als dass Gabriela außerhalb des Krankenhauses noch eine Selbsthilfegruppe für Schwerkranke gegründet hatte.

Sepp hat einiges zur Trauergruppe mitgebracht, das Gabriela im PC gespeichert hatte, oder in einem Kasten gesammelt hat. Sich damit zu beschäftigen, ist für ihn, obwohl er 13 Jahre lang mit dem Tod vor Augen gelebt hat, ein Abschied-nehmen von dem was er liebt – Gabriela.

Als er in der Trauergruppe „warm geworden" war, kam viel Fröhlichkeit von ihm, so dass ich nach einiger Zeit zu ihm sagte: „Ist dir bewusst, dass deine Frau durch deine Art, noch so lange nach Ausbruch der Krankheit lebte?" Er fragte nach, wie ich das meine. Ich wiederholte: „Du bist ein liebenswerter, fröhlicher Mensch und hast dir für deine Frau viel Zeit genommen, dadurch hatte sie die Möglichkeit, lange Zeit noch bei dir und den Kindern zu leben. Das ist außer Gott natürlich, dein Verdienst." Sepp war einige Minuten sprachlos und wie ich glaube, tief berührt. „So habe ich das auch noch nicht gesehen", war seine Antwort. Wie so oft, hat der Heilige Geist auch in diesem Gruppengespräch gewirkt.

Ausschnitt eines Briefes der Wunder wirkte

Wieder einmal gab es Streit mit meinem Vater. Er schrie wie üblich bei solchen Gelegenheiten hysterisch. Da konnte man nicht mehr reden mit ihm. Schon in jungen Jahren habe ich ihm manchmal geschrieben, wenn ich ihm etwas sagen wollte, von dem ich wusste, dass man mit ihm nicht in Ruhe darüber reden kann. Jedes Mal habe ich dann gemerkt, dass er das annehmen konnte, was ich ihm geschrieben hatte. So machte ich es auch nach diesem Streit. Mein Vater war damals etwa fünfundachtzig Jahre alt, gestorben ist er mit zweiundneunzig.

Lieber Papa!
Ich möchte Dir jetzt schreiben, was ich Dir gerne sagen würde, solange Du lebst. Es ist zwar schwierig für mich, aber ich tue es trotzdem. Auch wenn Du deshalb auf mich böse bist, ich bin der Meinung, dass Du mit Deiner eigenen Vergangenheit nicht zurechtkommst und diese aber um glücklich zu sein, bewältigen müsstest. Wahrscheinlich könnte ich Dir dabei helfen, aber wie schon oft zitiert: „Der Prophet in der eigenen Heimat....."

Dennoch will ich es versuchen und bitte versuche Du, der Wahrheit ins Auge zu sehen und Dich nicht verletzt zu fühlen. Der Mensch, der keine Fehler macht, wird nie geboren werden. Wahrscheinlich war Jesus der einzige Mensch, der keine Fehler machte. Damit ist nicht gemeint, der keine Fehler hat, denn meiner Meinung nach hat niemand einen Fehler, Jener ist nur anders als der andere.

Du hast viel Gutes für mich getan, obwohl Du mir auch viel Leid zugefügt hast. Dass ich so bin, wie ich jetzt bin, ist aber zu einem Teil Dein Verdienst. Wie ich sehr oft merke sogar ein sehr

Gewichtiger. Du hast mir Menschenwürde gelehrt. Nicht immer vorgelebt, aber doch beigebracht. Sicher hat mir Gott meine Gaben in die Wiege gelegt, Du aber hast dazu beigetragen, dass ich mit Menschen so umgehen kann, wie ich es tue......

........Obwohl ich der Meinung bin, dass Du oft nicht richtig an mir gehandelt hast, habe ich Dir verziehen. Du wirst jetzt staunen, ja auch Kinder müssen Eltern verzeihen......

...... Aber genau das ist die Aussage die Jesus macht: „Was Gott verbunden hat, darf der Mensch nicht trennen." Das heißt aber auch, „Was Gott nicht bindet, darf auch der Mensch nicht binden." Und so, wie der Mann Vater und Mutter verlassen muss, muss es auch die Frau tun und nicht mehr für die Eltern in Knechtschaft leben. Folge dessen ist es keine Verletzung des 4. Gebotes, wenn man als erwachsene Tochter eine eigene Meinung hat oder die der Eltern nicht richtig findet. Diese Erkenntnis habe ich aber leider Gottes erst jetzt. Mir wäre sehr viel Leid erspart geblieben, hätte ich diese Einsicht schon damals gehabt. Aber auch das ist Gottes Wille, es gehörte zu meiner Persönlichkeitsbildung dazu.

.......Es ist nur schade, dass Du die Zeit, die Du noch zu leben hast, mit Aggression und Streit vergeudest. Wie schön wäre es, wenn Du immer guter Laune sein könntest? Wenn ich über alles mit Dir reden könnte und über alles Mögliche mit Dir diskutieren könnte.
Ich habe es ernst gemeint, als ich sagte, Du sollst Deinem verstorbenen Vater verzeihen. Schreibe ihm vielleicht einen Brief dorthin, wo er jetzt ist. Oder schließe die Augen, nimm Deinen Vater an der Hand und gehe mit ihm über Wiesen voll mit Blumen, bei strahlendem Sonnenschein und spreche dabei mit ihm. Sage ihm alles das, was Du gerne hättest, dass ich es zu Dir sage. Du kannst Dir auch einen leeren Sessel hinstellen oder Dich im Wald vor einen Strauch oder Baum setzen und mit ihm sprechen. Wobei Dein vis a` vis nicht zu hoch sein

sollte. Dein Vater sollte Dir gleichgestellt sein, denn vor Gott seid ihr beide gleich. Beide seid Ihr die Söhne Gottes. Einer hat nicht mehr Rechte als der andere. Vor Gott heißt es, sind alle gleich. Das Recht auf Menschenwürde hat jeder Mensch. Es gibt noch viele Tricks mit der eigenen Seele umzugehen. Es ist nicht immer leicht, weil dadurch auch die eigenen Schwächen zutage kommen. Aber wahrscheinlich kannst Du mit uns, Deiner Familie besser auskommen, wenn Dir bewusst wird, dass Du das Gleiche tust, was Du Deinem Vater nie verziehen hast. Wenn Du mich brauchst, bin ich jeder Zeit für Dich da. Du wirst sehen, wie schön es ist, wenn man Harmonie verbreitet.
In Liebe, Ilse.

Beim nächsten Besuch bei meinen Eltern hatte ich das Gefühl, dass mein Vater sehr erleichtert war. Er war besonders liebenswürdig zu mir.

Als Sterbebegleiterin habe ich oft solche Erfahrungen gemacht, dass Erlebnisse aus der Vergangenheit nicht bereinigt wurden und der Sterbende darunter leidet. Ich habe mich öfter mit Kindern der Sterbenden zusammengesetzt und eine Versöhnung herbeigeführt.

Wenn es um die schon verstorbenen Eltern der Sterbenden ging, habe ich Rituale mit ihnen durchgeführt. In meinem Buch: „Ich helfe Dir Deine Trauer zu lindern" schreibe ich über einige Hilfen zur Versöhnung und zum Loslassen. So wie ich es mit einem Brief an meinen verunglückten Kletterkameraden machte, gibt es noch einige Rituale. So z.B. kann man Schattenboxen, alles herausschreien, was man ein Leben lang „in sich hineingefressen hat". Ein Gespräch mit einem Polster statt der Person mit der man nicht sprechen kann, usw. Einige Jahre habe ich alte Telefonbücher gesammelt, denn die waren ein wunderbares Werkzeug für die Trauernden, den aufgestauten Frust durch Zerreißen/Zerfetzen von Papier loszulassen.

Armer Sünder

Meine Mutter war 87 Jahre alt und mein Vater schon drei Jahre tot - da meinte sie im Gespräch, sie käme sich vor wie ein alter „armer Sünder".

Auf meine Frage ob sie glaube, noch etwas „wieder gut machen" zu müssen, antwortete sie, dass sie das schon getan hätte.

Auf die Frage: „Hast du Sünden?", erklärte sie mir: „Der Pfarrer hat gesagt, Sie haben doch in ihrem Alter keine Sünden mehr."

Ich persönlich teile die Meinung von diesem Priester nicht. Warum? Also ich gehe davon aus, dass Gott die Liebe ist. Die reine, wahre, allumfassende Liebe. Daher glaube ich, dass alles was die Liebe stört oder verletzt, Sünde ist. Das heißt wiederum, dass ein alter Mensch, genauso wie ein junger Mensch sündigen kann und dieses auch oft mit bewusst ausgesprochenen Verletzungen oder aus Egoismus tut.

Für viele Menschen ist Töten die schlimmste Sünde. Da gehe ich auch weiter, denn ich weiß, dass ein verletzendes Wort genauso schlimm und schmerzhaft sein kann, wie ein Leben auszulöschen.

Ich bin doch keine alte Frau!
Eine 86jährige Frau kam zu mir zum Trauergespräch, da kurz vorher ihr 96jähriger Mann verstorben ist.

Ihre Erzählungen ließen mich innerlich schmunzeln. Sie erzählte, wie sie und ihr Mann sich kennengelernt hatten und weshalb sie gemeinsam keine Kinder haben u.s.w.

Über den Tod ihres Mannes erzählte sie folgendes. Er wurde krank und deshalb ins Krankenhaus gebracht, wo er nach einigen Tagen starb.
Sie ärgerte sich darüber, dass sie mit dem Auto, welches auf den Namen ihres Mannes angemeldet war, nicht fahren durfte, bis das Verlassenschaftsverfahren durchgeführt war. Sie erklärte mir sehr entrüstet: „Wir dachten doch nicht, dass er stirbt, sonst hätten wir das Auto auf meinen Namen umgemeldet."

Dann erzählte sie mir über die Behördenwege nach seinem Tod. Unter anderem war sie auf einem Amt und legte ein Schreiben vor. Die junge Beamtin wusste sich damit aber nichts anzufangen, daher rief sie jemanden an. Im Gespräch sagte sie ins Telefon: „Bei mir ist eine alte Frau ….." Die Witwe hörte das, nahm blitzschnell das Schreiben vom Pult, sagte zu der jungen Beamtin: „Ich bin doch keine alte Frau!" Dann ging sie, ohne weiter ein Wort zu verlieren zornig aus dem Raum.

Die Erzählung dieser Dame ist schon sehr aufschlussreich.
Als Begleiter sollte man erinnern, dass, egal wie alt bzw. jung ein Mensch ist, alles geregelt werden sollte. Besonders, wenn jemand schon in einem Alter wie diese beiden Personen es waren, ist.

Aber auch, dass man als Amtsperson, gepflegte Umgangsformen haben sollte. Zu sagen: „Ich habe hier eine alte Frau." Ist beschämend für die Beamtin, genauso, wie sich die ältere Frau oder Dame gedemütigt fühlte.

Beichte kann heilsam sein

Nach der Scheidung von Franz, meinem ersten Mann, mit dem ich kirchlich verheiratet war, dachte ich, als Christin muss ich von nun an allein weiterleben. Daher wollte ich Hebamme werden und nach „Übersee", so nannte man damals die Entwicklungsländer, gehen. Nachdem ich schon seit Jahren - ich war für fünf „Heidenkinder" Taufpatin - mit einem Missionar schriftlichen Kontakt hatte, habe ich ihm meinen Vorschlag unterbreitet. Dieser antwortete mir aber, dass ich zu viel Heimweh haben würde und dass ich lieber in der Heimat bleiben sollte. Deshalb arbeitete ich wieder dort, wo ich aufgehört hatte, als ich in mein Dorf zurückmusste, um Franz zu heiraten.

Es waren einige Priester, welche mich bei Beichtgesprächen aufforderten, nicht allein zu bleiben. Da hatte ich z.B. einmal im Stephansdom, im „Beicht- und Aussprecheraum", den es damals schon gab, ein Gespräch mit einem „Pater Casanova". Er weilt heute sicher nicht mehr unter den Lebenden. Aber das Gespräch mit ihm war so wohltuend, dass ich auch ein bisschen die Angst vor der Beichte verlor.

Heute weiß ich, dass eine Beichte nur Sinn hat, wenn ich mich aussprechen kann und es mir dadurch leichter wird. Oder, wenn ich bereue und den Vorsatz habe, eine „Sünde" nicht mehr zu begehen. Wie Jesus zu der Ehebrecherin sagte: „Gehe und sündige fortan nicht mehr." Bevor ich Franz heiratete wusste ich aber vor jeder Beichte, dass ich den Sex auch ohne Liebe immer zulassen musste, wenn ich einen Partner habe. Meine Mutter hatte mir das in einem Gespräch, als ich sechzehn Jahre alt war mitgeteilt. Mein Wille wurde nicht be- und geachtet. Als ich verheiratet war, sagte meine Mutter einmal zu mir: „Jetzt muss es doch für dich keine Sünde mehr sein, du bist doch jetzt verheiratet." Sie wusste aber auch nicht, dass mich das sexuelle Beisammensein mit Franz immer angewidert hatte, egal ob vor oder nach der Eheschließung. Ich habe ihn nur geheiratet, weil meine Mutter mich dazu drängte und, was Liebe ist, wusste ich zu der Zeit nicht.

Euthanasie

Künstlich am Leben zu halten, ist für mich genauso falsch wie töten.

Euthanasie wird oftmals Sterbehilfe genannt. Ich glaube aber nicht, dass Euthanasie beim Sterben hilft, sondern nur zum Sterben verhilft. Das ist für mich ein riesengroßer Unterschied.

Zum Sterben verhelfen ist töten.
Beim Sterben beistehen ist begleiten.

Begleiten und geleiten bis zur Schwelle des Todes. Den Schritt ins Danach muss jedes Lebewesen selbst gehen.

Darum denke ich, wir müssen unter allen Umständen das Leben „ausklingen" lassen, damit es harmonisch in die Ewigkeit gelangen kann.

Euthanasie ist Mord. Mord wiederum lässt die Seele des Mordenden abstürzen.

Sich selbst die tödliche Injektion geben heißt Selbstmord. Wie sieht es da im Jenseits aus? Durch meine Erfahrungen mit dem Tod denke ich einerseits, dass wir die Evolution abschneiden, das heißt der vorgegebene Kreislauf wird unterbrochen. Als Christin sage ich: „Es ist ein Handeln gegen Gottes Willen."

Gegen Gottes Willen zu handeln heißt wiederum, den Strom der göttlichen Harmonie zu stören.

Vor einigen Jahren habe ich mir an einem Sonntag im Fernsehen eine Diskussion über Euthanasie angesehen. Als Paradebeispiel wurde über einen „Euthanasiefall", welcher in der Schweiz durchgeführt wurde und einige Wochen vor der Sendung in Kärnten vor Gericht stand, gesprochen. Vor allem, ob auch in Österreich Euthanasie gesetzlich erlaubt werden soll. Ich frage mich, ob den Menschen, die diese gesetzliche Erlaubnis wünschen, bewusst ist, wie viel Liebe und Menschenwürde dadurch verloren geht!

Anstatt Euthanasie zu erlauben, sollten wir Liebe lehren. Angefangen in den Kindergärten, Schulen und nicht zu vergessen, in den Kirchen, wo viel darüber gesprochen wird und wenig ausgelebt. Wo in manchen Fällen die Liebe zu leben, sogar verboten oder geächtet wird. Wie z.B. für geschiedene und wiederverheiratete Christen oder für röm. kath. Priester.

Statt dem Bundesheer sollte das „freiwillige soziale Jahr" für Mädchen und Burschen Pflicht werden. Wir hätten sicher keine Not mehr an unentgeltlicher Pflegehilfe. Dadurch wären die Pflegekosten nicht so hoch. Was mir aber noch wichtiger erscheint: Dabei würden die jungen Menschen Menschenwürde lernen statt beim Bundesheer das Schießen.

Ich glaube auch, dass jeder Mensch fähig ist seinen Zeitpunkt des Todes zu wählen, oder zumindest wahrzunehmen, ohne sich selbst zu töten.

Das Leben ausklingen lassen! Sich Gott hingeben!

Bei der Diskussion wurde es auch einige Male angesprochen, dass man jederzeit Medikamente absetzen und nur Schmerzmittel nehmen kann, somit setzt der „Sterbe-Akt" ein. Ich wählte diesen Ausdruck, weil für mich der Tod der Höhepunkt des Lebens ist, wie auf einer Bühne der letzte Akt. So wie ich mein Leben gestalten kann, kann ich auch mein Sterben gestalten. Auch dann, wenn ich selbst nicht mehr fähig bin, mich zu bewegen oder zu sprechen. Ich weiß aus eigener Erfahrung, dass man in der Stille Großes bewirken kann. Auch in der Stille des Sterbens – da besonders. Ich habe das auch beim Sterben meines Vaters erlebt.

Kardinal Christoph Schönborn schrieb vor einigen Jahren in einem Artikel über Euthanasie, dass erlaubte Euthanasie auf alte Menschen Druck ausüben würde. Ich habe noch einige wichtige Faktoren hinzuzufügen. Ich bin der Meinung, dass der Druck nicht nur alte Menschen treffen würde, sondern alle

Menschen. Wir müssen nur weiterdenken, wie das Leben dann ablaufen wird, wenn Euthanasie an der Tagesordnung ist. Durch den derzeitigen Straßenverkehr gibt es viele Unfälle mit jungen Menschen. Wenn sie nicht mehr ganz in Ordnung kommen, wird man sie als nicht vollwertig bezeichnen. Sie hätten Sorgen, dass man sie deswegen „entsorgt" oder „kaltstellt". Ich glaube, diese beiden Worte zeigen schon die Lieblosigkeit auf, die dann unser Lebensbild beherrschen würde. Statt mit Liebe für alte, behinderte oder kranke Familienangehörige bzw. andere Mitmenschen da zu sein, würde ein ungemütlich, oder nicht arbeitsfähig gewordener Mensch abgeschoben. Dabei sind es oft gerade die schmerzvollen Zeiten, die dem Menschen Heilung durch die Liebe schenken können. Heilung vor allem an der Seele, die, wie die meisten von uns annehmen, ewig existiert. Die „gesunden" und „vollwertigen" Menschen lernen liebevollen, menschenwürdigen Umgang durch Mitmenschen, welche ihrer Hilfe bedürfen. Ich glaube, in das sogenannte „Himmelreich" können wir nur durch die Liebe gelangen.

1993 hatten wir in unserer Pfarre einen Vortrag von „Alles Alltag", er nannte sich: „Brot der Liebe - Fürsorge für die alten Eltern" und ein wichtiger Teil war: „Euthanasie". Unser damaliger Pfarrer Stephan Schwarz meinte: *„Euthanasie ist das Entsorgen von Menschen, die uns nicht mehr gut genug sind."* Er hatte vollkommen recht.

Euthanasie ist Mord!
Entweder Selbstmord, wenn sich jemand selbst tötet.
Anstiftung zum Mord, wenn eine andere Person dafür benutzt wird.
Und Mord von dieser Person, welche die Tötung ausführt.

Nachdem Gott den Zeitpunkt des Ablebens bestimmt, ist Euthanasie ein Sterben gegen Gottes Willen.
Ich glaube, gegen Gottes Willen zu handeln, stört gewaltig den göttlichen Kreislauf, das heißt, der Tote wird nicht in die Harmonie, die wir Christen Himmel nennen, eingehen.

Allerdings glaube ich auch, dass man diesen Menschen wohl mit Gebeten, liebevollen Gedanken und Gefühlen helfen kann.

Was fördert den Wunsch nach Euthanasie?
Ich denke, da stehen an erster Stelle:

o   langanhaltende starke Schmerzen.

Weiters:
   o   Pflegebedürftigkeit –
   o   Abhängigkeit von anderen Menschen.
   o   Angst vorm Sterbeprozess.
   o   Einsamkeit.
   o   Keinen Sinn im Leben finden bzw. Langeweile.

Solange wir jung und gesund sind, beobachten wir:
   •   Viele Menschen sterben einsam.
   •   Oft werden Menschen mit den Schmerzen allein gelassen.
   •   Die meisten alten Menschen sind in den Altersheimen ohne Partner und werden selten oder nie besucht.
   •   Sterbende werden in manchen Krankenhäusern in ein sogenanntes „Besenkammerl" geschoben.
   •   Zu Hause Verstorbene werden „ruck zuck" abgeholt,
   •   anstatt Zeit lassen zum Verabschieden.
   •   Verstorbene liegen im Sarg, der in einem kalten, unpersönlichen Raum - der Aufbahrungshalle steht.

Ihnen fallen sicher noch einige Beispiele ein.

Das alles verursacht bei uns Angst, dass es uns auch einmal so ergehen wird.
Also sollten wir jetzt schon entsprechend leben, damit unsere Kinder ein Vorbild haben und später so an uns handeln, dass wir lebenswert sterben können!

Begleitung statt Euthanasie.

Wie können wir dem Wunsch nach Euthanasie entgegenwirken?

- ✓ Oberste Priorität ist Liebe,
- ✓ dann kommt die Fürsorge, für jemanden sorgen.
- ✓ Begleiten ist ein großer Faktor, damit niemand nach Euthanasie fragt.
- ✓ Sich darum kümmern, dass die Schmerzen gestillt werden.

Wer einen guten Begleiter hat, wird niemals nach Euthanasie verlangen!

Gegenverkehr bei Gefühlen

Ich fühlte mich in ihn hinein, meistens spürte ich, was er gerne aussprechen würde, denn er nickte zu dem, was ich aussprach. In meinem Leben habe ich mich oft in einen anderen Menschen hineingefühlt, ich habe versucht „in seinen Schuhen zu gehen" oder „mit seinen Augen zu sehen", um ihn besser verstehen zu können. Deshalb spürte ich manches Mal den Schmerz anderer, was des Öfteren in mir Depressionen hervorgerufen hat. Erst seit mir das vor zirka 25 Jahren bewusst wurde, schütze ich mich nach Möglichkeit davor. Dass ich aber auch den anderen vor meinen Gefühlen schützen muss, erlebte ich erst vor einigen Jahren.

Ich wurde bei meinen eigenen Gedanken und Gefühlen ertappt von einem Mann, den ich bei einem Zusammenbruch, den er während eines Gottesdienstes erlitten hatte, „begleitete" bis die Rettung kam.

Ich selbst wünschte mir für einen Augenblick, so zu sterben: „Während des Gottesdienstes, im Kreis von Familie, Freunden und Bekannten." In diesem Moment öffnete dieser Mann die Augen und sah mich fragend an. Ich wollte ihm erklären, dass nicht er, sondern ich gemeint war, doch mir versagte die Stimme. Es war ein Fehler, den ein Begleiter nicht machen sollte.

Den berühmtesten und selbstverständlichsten „Gegenverkehr von Gefühlen" gibt es zwischen Liebenden.

Meine Töchter bestätigen mir oft, dass ich ihre Gefühle spüre, auch wenn sie entfernt sind von mir. So wurde ich zum Beispiel eines Nachts wach und fühlte, dass es meiner jüngeren Tochter schlecht ging. Sie machte gerade mit einigen Freunden zwei Wochen Urlaub in Italien. Normalerweise sende ich da positive Gedanken und Gefühle, dieses Mal aber dachte ich: „Sie wird verfolgt, ich muss mit ihr reden" und machte dieses auch. Dann bin ich kurz eingeschlafen und gegen Morgen machte ich die

Augen auf und dachte: „Sie ist außer Gefahr." Am Nachmittag schickte sie mir ein SMS mit der Mitteilung, ich solle sie am Bahnhof abholen, sie käme schon nach Hause.

Bei ihr war in dieser Nacht Folgendes geschehen. Sie waren schon über eine Woche unterwegs, hatten aber für diese eine Nacht kein Zimmer und streiften deshalb die ganze Nacht durch die Stadt. Meine Tochter hatte immer das Gefühl, dass sie verfolgt werden, hörte Stimmen hinter sich und hatte Angst. Doch die anderen merkten davon nichts. Sie blieben oft stehen, aber außer meiner Tochter konnte niemand fremde Stimmen hören. Gegen Morgen fühlte meine Tochter plötzlich eine Erleichterung und dachte: „Die Gefahr ist vorbei, wir gehen gleich zum Bahnhof."

Die Körpersprache des Gesprächspartners, seine Worte, wie er sie spricht, der Ton in seiner Stimme und besonders sein Gesichtsausdruck dabei, sind es, die so vieles ausdrücken.
So zum Beispiel wird er strahlen, wenn er glücklich oder zufrieden ist. Er wird kaum lachen oder eine aufrechte Haltung haben, wenn es ihm schlecht geht, und dazwischen gibt es viele Facetten des Gesichtsausdrucks und der Körperhaltung.

Da ich Mütter in der Trauer begleitete, deren erwachsene Kinder wegen ihrer Homosexualität den freiwilligen Tod gewählt haben, will ich hier über Sexualität schreiben.

Geschlechtsspezifische/sexuelle Orientierung
Was ist damit gemeint?
Ich wünsche mir von ganzem Herzen, dass jeder sein Leben zu seinem höchsten Wohle gestalten kann. Akzeptanz und Menschenwürde ist mir als Christin, Friedensaktivistin und Humanenergetikerin ein sehr großes Anliegen. Daher will ich mit Respekt und ohne Vorurteile, Schuldzuweisung oder Diskriminierung mit dem Thema umgehen. Meine Erfahrungen erklären mir, warum es Menschen gibt, die eine andere geschlechtsspezifische Wahrnehmung haben als der Durchschnitt der Bevölkerung.

Durch meine Arbeit als Humanenergetikerin bin ich zu der Erkenntnis gelangt, dass sehr oft Homo- und Transsexualität durch energetische Blockaden ausgelöst wird, bzw. entsteht. Aber auch, dass man diese energetischen Blockaden ablösen kann.

Homosexualität aus WIKIPEDIA:
„Homosexualität ist ein Wort, das je nach Verwendung sowohl gleichgeschlechtliches sexuelles Verhalten, erotisches und romantisches Begehren gegenüber Personen des eigenen Geschlechts als auch darauf aufbauende Identitäten bezeichnen kann – etwa sich selbst als lesbisch oder schwul zu definieren.

Homosexuelles Verhalten, homosexuelles Begehren und homosexuelle Identität fallen demografisch nicht zwingend zusammen und müssen deshalb in der Forschung genau unterschieden werden. In der Umgangssprache werden diese Aspekte jedoch häufig vermischt oder miteinander gleichgesetzt.

Sexuelle Handlungen zwischen Männern und zwischen Frauen wurden in verschiedenen Epochen und Kulturen ganz unterschiedlich behandelt: teils befürwortet und toleriert, teils untersagt und verfolgt. Eine besondere Rolle spielen dabei die drei monotheistischen Weltreligionen, deren Schriftgelehrte den sexuellen Verkehr zwischen Männern auf der Basis von Bibel, Tora und Koran in der Regel als „Sünde" betrachteten, auch wenn liberale Strömungen mit dieser exegetischen Tradition heute zunehmend brechen.

Gleichgeschlechtliche Liebe und Lust sind in allen Gesellschaften und historischen Epochen durch entsprechende Quellen nachweisbar. Dagegen gilt die Entstehung homosexueller Identitäten heute als das Resultat von Entwicklungen der modernen Gesellschaft, die ungefähr im 18. Jahrhundert unserer Zeitrechnung einsetzten, wie Städtewachstum, Bürokratisierung und die kapitalistische Versachlichung sozialer Beziehungen."

Ich glaube, es waren die Kriege – nicht nur die Weltkriege, Kriege und langanhaltende Kämpfe, welche es seit tausenden Jahren gibt - die verursachten, dass sich manche Menschen sexuell oder emotional zum gleichen Geschlecht hingezogen fühlen.

Den Männern wurde in Kriegsgebieten oft Frauen zugeführt. Auch „Brom" wurde den Soldaten ausgegeben, das den sexuellen Drang minderte.

Doch ich kann mir vorstellen, dass manche Männer mit Kameraden sexuelle Handlungen durchführten. Dabei, oder dadurch konnte sich auch in manchen Fällen ein Liebesgefühl zum gleichen Geschlecht entwickeln. Aber durch dieses Verhalten bzw. Handlungen, haben sich im Unterbewusstsein Blockaden gebildet.

Diese Blockaden wurden wie alle anderen Blockaden, mit den Genen weitergegeben. Sie kamen nicht bei jeder Generation, auch nicht bei jedem Nachkommen, da noch andere Eigenschaften mitwirken, an die Oberfläche. Wenn doch, wurde es geheim gehalten. Jetzt im Alter des Wassermannes/Freigeist wird die Homosexualität von vielen Menschen öffentlich gelebt.

Doch nicht jeder Mensch, der wahrnimmt, dass er sich sexuell oder emotional zu gleichgeschlechtlichen Menschen hingezogen fühlt, ist damit glücklich. Viele kämpfen jahrelang dagegen an, aber umso stärker wird der Zwang.

Für diese Menschen gibt es die Möglichkeit von Blockadenablöse. Automatisch und mit Leichtigkeit stellt sich nach der Ablöse eine andere Wahrnehmung ein. Die Menschen fühlen sich zum anderen Geschlecht hingezogen und nicht mehr zum gleichen Geschlecht. Das andere Geschlecht ist wieder begehrenswert.

Wahrscheinlich war es in Kriegszeiten bei den Frauen, die ohne Männer zurückblieben, ebenso. Meine Mutter erzählte mir folgendes. Zu ihr kam im Krieg öfter eine Freundin aus Wien und blieb einige Tage bei ihr. Sie schliefen gemeinsam in den Ehebetten. Eines Nachts wurde meine Mutter schreiend wach, weil sie von ihrer Freundin geküsst wurde. Ich kann mir vorstellen, dass bei solchen Begebenheiten es sich wie bei den Soldaten im Krieg entwickelte, dass manche Frauen nur Frauen begehren.

Ein Grund von scheinbarer Homosexualität ist jener der „Verwachsung". Früher nannte man es Zwitter, ich kenne das auch von Tieren. (Ich bin bei einem Kaufmann mit bäuerlichem Nebenerwerb aufgewachsen. Daher wollte mein Vater, dass ich beim „Schneiden oder Beschneiden" der Schweinchen dabei sein sollte. Da lernte ich Verwachsungen kennen.) Verwachsung ist wie der Name schon sagt, wenn ein Mensch oder ein Tier, nicht richtig gewachsen ist. Es können zum Beispiel die männlichen Geschlechtsorgane nach innen gewachsen sein, so, dass jemand wie ein Mädchen in späterer Folge wie eine Frau aussieht, aber ein Mann ist. Durch die Verwachsung sieht es aus wie eine Vagina und die Ausscheidung des Urins funktioniert wie bei einer Frau. Dass sich diese vermeintliche Frau zu Frauen hingezogen fühlt, ist selbstverständlich, denn sie ist ja ein Mann. Wenn sie sich erinnern, bei einer großartigen österreichischen Schifahrerin war es so, bis sie operiert wurde und als Mann glücklich verheiratet ist und eigene Kinder gezeugt hat.

Diese Verwachsungen sind aber medizinisch nachweisbar und „operativ".

Transsexualität
Auch hier kann wie bei Homosexualität ein wahrer Grund eine „Verwachsung" sein. Diese können Ärzte erkennen und operieren.
Sind es jedoch Gefühle oder Empfindungen, dass man im „falschen Körper" ist, stecken höchstwahrscheinlich energetische Blockaden dahinter. Manche Menschen lassen eine Geschlechtsumwandlung durchführen und wie ich es bei Klienten erlebt habe, fühlten sie sich nachher auch nicht hundertprozentig als dieses Geschlecht, in das der Körper verändert wurde.

Sex-Missbrauch

Ich habe vor meiner humanenergetischen Arbeit nicht geahnt, dass so oft Sexmissbrauch begangen wird. Teilweise ersuchen mich Frauen (es dürfte kein Männerthema sein), die Gefühle, welche ihrer Meinung nach durch Sexmissbrauch entstanden sind, abzulösen.

Sehr oft kommen aber Frauen mit abzulösenden Themen und sind sich nicht bewusst, dass sie durch Sexmissbrauch entstanden sind. Erst während der Ablöse stellt sich das heraus. Die Frauen erzählen dann erleichtert über das entsprechende Erlebnis. Erleichtert deswegen, weil sie ein Geheimnis verdrängt haben. Meiner Erfahrung nach geschieht Sexmissbrauch in den Kinderjahren. Bei drei meiner Klientinnen aber im Erwachsenenalter.

Es kam des Öfteren vor, dass mir Frauen erzählten, dass sie damals zwar ein Kind waren, aber der Sex hat ihnen gefallen. Sie gestehen mir, dass sie niemandem davon erzählt haben.

Eine junge Frau aus Kärnten erzählte mir, dass in ihrer Kindheit der Sexmissbrauch eines Onkels von ihr, zu Gericht kam. Sie aber getraute sich damals und bis jetzt nicht zu sagen, dass es ihr gefallen hat. Vielleicht sollte ich es anders ausdrücken, es hat ihr körperlich „gutgetan", es war „angenehm" für sie, doch sie schämte sich dafür.

So geht es auch manchen Frauen, die vergewaltigt wurden. Es wurde ihnen zwar körperliche Gewalt angetan, bis der Mann eine sexuelle Handlung durchführen konnte, aber die Berührungen bzw. Reibungen an den empfindlichen Stellen, erzeugten „wohltuende" Empfindungen.

Ich weiß seit vielen Jahren, dass das aber eine natürliche Regung ist, sogar bei Babys. Daher ist es keine Schande für die Missbrauchsopfer, egal ob es Kinder oder Erwachsene betrifft, sondern die Schande gebührt den Tätern für ihre Unverantwortlichkeit.

Apropos Stimme

Bei der Reflexion eines Buches, das ich von der Supervisions-
Tagung mitgebracht habe, dachte ich über eines meiner
Lieblingsthemen: „Der Klang der Stimme" nach. Immer wieder
staunen Teilnehmer, mit denen ich Gespräche führe, was man
mit dem Klang der Stimme alles bewirken kann.

So fing es an: Als junges Mädchen schlief ich in einem Zimmer
nahe den Schweineställen. Oft habe ich gehört wie die
Mutterschweine, die man Sau oder Zucht nennt, ihre Jungen
„lockten". Manches Mal wusste ich allerdings nicht, ob es ein
Mutterschwein war oder mein Vater, so naturgetreu konnte es
mein Vater nachmachen. Ich fragte ihn einmal, warum er das
tut. Er erklärte und zeigte es mir. Wenn das Schwein diese
lockenden Töne gibt, wird der Milchfluss angeregt und die
Jungen bekommen mehr Milch. Durch das Locken meines
Vaters haben die Zuchtsauen wettgeeifert und so erhielten die
Kleinen mehr Milch und wurden daher auch kräftiger. Meinen
Vater habe ich dafür sehr oft bewundert.

Ich begann damals, bewusster mit der Stimme zu leben. Das
heißt nicht mit meiner Stimme, die hat sich durch ein Schock-
Erlebnis selbständig gemacht und will nicht mehr richtig
gehorchen, aber mit dem Ton in meiner Stimme.

Mensch und Tier können durch den Klang der Stimme
wahrnehmen, was wir sagen und ausdrücken wollen. Ja, sogar
die Pflanzen.

Für mich ist es nicht befremdend, dass sich Franz von Assisi mit
Tieren unterhalten hat. Einmal hatte eine Freundin meiner
Tochter ihr Meerschweinchen mitgebracht. Im Nebenraum
hörte ich wie meine Tochter sagte: „Zeige dein
Meerschweinchen meiner Mutter. Du brauchst keine Angst zu
haben, meine Mutter kann gut mit Tieren umgehen." Damit
machte sie mir ein großes Kompliment.

So ist es auch mit Babys, welche ja den Sinn oder die Aussage unserer Worte noch nicht verstehen. Es gab noch kein Baby, das sich nicht von mir trösten ließ. Manche Mütter sagen mir, dass sich ihr Baby oder Kleinkind von keinem fremden Menschen trösten lasse, außer von mir. Das zu hören, tut mir immer gut, doch es ist nicht meine Leistung, sondern die meines Vaters.

Manches Mal, sind es wahre Wunder, die ich durch die Stimme erlebe. So ein Wunder habe ich mit „Frau Maria" erlebt.

Frau Maria
(1994)

Sie hat es ihrer Familie nicht leicht gemacht, um sie zu trauern. Wahrscheinlich stehe ich deshalb vor dem Sarg in der Aufbahrungshalle mit dem Gefühl, der einzige Mensch zu sein, dem ihr Tod nahe geht.

Als ich sie vor etwa dreißig Jahren kennen lernte, hatte ich Angst vor ihr. Sie war damals meine Arbeitskollegin. Da sie aber um mehr als dreißig Jahre älter war als ich und mit meiner Chefin befreundet, war sie diejenige, die mich für meine damalige Arbeit „erzog" und das mit konsequenter Strenge. Seit meiner Geburt bin ich ein ehrgeiziger und verantwortungsbewusster Mensch. Das dürfte auch ein Grund dafür gewesen sein, dass ich am Abend vorher schon Angst vor der Arbeit am nächsten Tag hatte, dass ich wohl alles richtig mache. Mit der Zeit hatte sie mich aber liebgewonnen, sodass sie es sogar gern gesehen hätte, wenn ich die Frau ihres Sohnes geworden wäre. Ihr einziger Sohn ist ein Jahr jünger als ich. Ich habe sehr viel von ihr gelernt.

Bis zu ihrem Tod träumte ich oft noch von ihr und unserer gemeinsamen Arbeit. Aber auch von unserer damaligen Chefin und dem Chef. Von keiner Arbeitsstelle träumte ich so oft wie von dieser. In den Jahren zwischen meinem Ausscheiden aus der Firma und der Verlegung meines Wohnsitzes in verschiedene westliche Bundesländer, hatte ich eine andere Berufslaufbahn eingeschlagen. Wir haben uns trotzdem gegenseitig manches Mal besucht oder miteinander telefoniert.

Als ich vor neun Jahren nach Wien zurückkam, trat ich wieder mit ihr in Kontakt. Zu dieser Zeit war sie schon krank und hatte viele Schmerzen - aber keine Lebensfreude mehr. Ihr Mann war gestorben, noch bevor ich von Wien weg ging. Ich besuchte sie öfter, machte mit ihr Ausflüge in den Wienerwald oder wir setzten uns in ein Café. Ihre Schwiegertochter war nicht so, wie sie sich eine Schwiegertochter gewünscht hätte. Die vier

Enkelkinder waren um drei zu viel und eine Ehefrau sollte auch in eine Arbeit gehen, wie der Mann und wie sie, Frau Maria es immer getan hatte, obwohl sie damals schon nicht sehr gesund war. Für das Reihenhaus, das ihr Sohn gekauft hatte, hat sie sehr viel Geld dazugelegt. Und trotzdem wird er es nicht schaffen, wenn die Frau nicht mitarbeitet, meinte sie immer. Der Sohn hatte Publizistik und Kommunikationswissenschaft studiert und arbeitete mit sehr gutem Gehalt in einer Bank. Er war ein sehr guter Sohn. Fast täglich rief er seine Mutter an. Oft besuchte er sie auf einen kurzen Sprung, aber er erledigte auch alles, was Frau Maria selber nicht mehr konnte. Über die Enkelkinder erzählte sie nicht viel, aber wenn, dann doch sehr lieb. Die können, sozusagen nichts dafür, dass sie auf der Welt sind.

Nun steht er, der Sohn meiner Frau Maria mit seiner Frau, den Kindern und einigen Verwandten vor der Tür der Aufbahrungshalle. Ich bin fast allein in der Halle. Einige Arbeitskolleginnen von Frau Maria sitzen und plaudern leise. Unsere frühere Chefin ist auch dabei, sie stellt sich zu mir und wir verharren in stiller Andacht. Viele wunderschöne Kränze sind rund um den Sarg arrangiert. Vor einigen Jahren hat mir Frau Maria das „DU-Wort" angeboten. Ich habe sie aber gebeten, mich immer noch wie bisher mit DU Ilse anzureden, ich möchte aber weiterhin Frau Maria zu ihr sagen. So habe ich sie kennen gelernt und so habe ich sie schätzen gelernt, sie soll meine FRAU MARIA bleiben, sagte ich damals zu ihr. Bis zu ihrem Tod haben wir es so gehalten. Ein halbes Jahr davor war sie im Krankenhaus Mödling. Von da brachte man sie nicht mehr nach Hause, sondern zu ihrem Sohn und seiner Familie ins Reihenhaus. Er wohnt in der Nähe von Mödling. Ich habe sie dort nicht besucht, weil ja die Familie sowieso groß ist, wo immer jemand für sie da sein konnte. Mir war es auch unangenehm mit der so eingebildeten Schwiegertochter, wie Frau Maria sagte, näher in Kontakt zu treten, da ich eine sehr sensible Frau und auch schüchtern bin, was ich gut durch mein Temperament verdecken kann. Trotzdem habe ich mir ein eigenes Bild aus ihren Erzählungen gemacht. Außerdem wusste ich, dass Frau Maria ihre Eigenheiten hatte, die eine junge Frau von einer Schwiegermutter nicht annehmen will. Es ist ein riesengroßer Unterschied, ob man eine Kollegin ist oder eine Schwiegertochter.

Ich habe daher nur einige Male angerufen und mit Frau Maria geplaudert. Es war doch immer das Gleiche, was sie mir erzählte. Beim letzten Anruf sagte mir die Schwiegertochter von Frau Maria, dass Frau Maria seit einigen Wochen im Seniorenheim Laxenburg wäre, weil man sie im Kreis der Familie nicht mehr pflegen konnte. Worauf ich gleich zusagte, am folgenden Wochenende ins Seniorenheim zu fahren.

Am Sonntag nach dem Gottesdienst fuhr ich los. Als ich ins Seniorenheim kam, erfuhr ich, dass Frau Maria wieder ins Krankenhaus Mödling gebracht wurde. Im Krankenhaus erkannte ich den Sohn von Frau Maria schon aus der Entfernung, obwohl wir uns fast dreißig Jahre lang nicht gesehen hatten. Die Frau, die bei ihm stand, musste wohl seine Ehefrau sein, die er mir dann auch als diese vorstellte. Sie sah ganz anders aus als das Bild, das ich mir von ihr machte. Sie wirkte solide und bescheiden. Das Krankenbett stand am Gang und ich hätte Frau Maria fast nicht erkannt, so abgemagert war sie. Sie konnte schon lange Zeit nicht mehr richtig essen. Der Sohn von Frau Maria kam mir entgegen und sagte mir, dass er schon mit meiner Tochter telefonierte, die sagte ihm, dass ich auf dem Weg zu Frau Maria war. Das ist meine Mutter, oder was von ihr noch da ist, sprach er weiter. „Wie geht es ihr?", wollte ich von ihm wissen. „Sie reagiert überhaupt nicht", antwortete er, worauf ich ihn vorsichtig zur Seite schob.

Ich nahm Frau Marias Hand sanft in meine. Überall hatte sie Schläuche. Mein Gesicht nahe bei ihrem, flüsterte ich halblaut und ganz zärtlich, „Frau Maria! - Frau Maria! - Frau Maria!" Nach einiger Zeit sagte sie, ohne die Augen zu öffnen, „JA?!" Worauf ich weiter sprach: „Ich bin die Ilse, ich bin da." Und jetzt geschah für mich etwas Wunderbares. Mit deutlicher und fester Stimme sagte sie: „Schön, dass du da bist." „Ich bleibe hier", antwortete ich. Sie fragte: „Hast du denn Zeit?" Worauf ich wieder antwortete: „Ja, ich habe viel Zeit." „Das ist schön", meinte sie. „P. ist auch da und seine Frau", „schön", antwortete sie noch einmal und war wieder weg. Ihr Sohn streichelte ihren Arm und sagte: „Mutter ich bin auch da", aber sie reagierte nicht mehr. Für mich war das die Zeit, um den beiden (P. und seiner Frau) zu sagen, dass sie weiter mit ihr sprechen sollten, auch wenn sie darauf nicht reagiert, sie hört es wahrscheinlich trotzdem. Um die Intimität zu wahren, bot ich an, ins Buffet zu gehen, bis sie wieder nach Hause fahren würden und sie mich dann wiederholen sollten. So geschah es auch. P. trug ich auf, wenn er in zirka zwei Stunden - wie er sagte – wiederkomme, etwas zum Vorlesen mitzubringen, was er dann auch tat. Ich wollte die ganze Nacht bei ihr bleiben, weil ich dachte, sie würde in dieser Nacht sterben. Da wollte ich sie nicht allein lassen.

In P.`s Abwesenheit wurde sie wach, dürfte aber die Gegenwart nicht wahrgenommen haben. Immer wenn jemand vorbeikam, wollte sie haben, dass ich ihm ein Trinkgeld gebe. Einmal sagte sie, es sind schon wieder drei Leute hinein gegangen, die muss man ja fragen. Ich glaube, da war sie gerade „bei der Arbeit", denn wir hatten damals in einer Konditorei gearbeitet und die Pflicht, wenn wenig Platz war, den Gästen Plätze anzuweisen. Die Gäste waren oft noch nicht aus den Mänteln, mussten wir sie schon um ihre Wünsche fragen. Ich hielt während dieser Zeit ihre Hände und streichelte sie. Manchmal sprach ich mit beruhigender Stimme zu ihr. Wenn sie sehr unruhig war, hielt ich sachte ihren Kopf. Ich streichelte ihre Füße und Fußsohlen, bei deren Anblick ich mich wieder erinnerte, dass sie immer Probleme mit ihnen hatte.

Ihr Sohn kam nach einiger Zeit wieder. Frau Maria war inzwischen wieder eingeschlafen und P. und ich plauderten miteinander. Unsere Stimmen dürfte sie in einen ruhigen Schlaf versetzt haben. Nachdem P. und ich uns eine Zeit lang unterhalten hatten, merkte ich erst wie entspannt sie war. P. und ich hatten das Gefühl, dass Frau Maria bereit war zu sterben und dass wir sie allein lassen konnten.

P. fuhr jeden Tag ins Krankenhaus, damit sie seine Stimme hören konnte, wenn er zu ihr sprach. Wir haben beide täglich miteinander telefoniert und vereinbarten, dass ich am Freitag wieder ins Krankenhaus fahren würde. Einmal fragte ich ihn, ob er nicht veranlassen möchte, dass man seine Mutter von den Schläuchen befreie, damit sie in Ruhe sterben könne. Diese Verantwortung wollte er aber nicht tragen. Er würde doch seine Mutter zum sofortigen Tod verurteilen, meinte er.

Wie mit P. abgesprochen, fuhr ich am folgenden Freitag ins Krankenhaus. In der Nacht davor wurde ich um 2 Uhr wach und wusste, dass JEMAND mit den Gedanken bei mir war. Ich fuhr daher nicht Freitagabend, sondern schon in der Früh ins Krankenhaus. Ich hatte auf der ganzen Fahrt das Gefühl, dass Frau Maria gerade sterben würde. Im Krankenhaus sagte man mir, Frau Maria sei um 6 Uhr 15 verstorben. Wahrscheinlich wollte man sie zur Morgentoilette wecken, aber sie war bereits tot. Sie war sicher um 2 Uhr gestorben.

Obwohl ich ihr wünschte, dass sie sterben könne, spürte ich plötzlich eine Leere und tiefe Trauer. Ich weiß, sie ist jetzt gut aufgehoben und hat auch keine Schmerzen und keinen Kummer mehr. Nach dem Tod ist nichts mehr wichtig. Nur wir Hinterbliebenen, im Besonderen P. und ich, denken wieder mehr über den Tod nach. Wir beide haben uns versprochen, uns nicht aus den Augen zu verlieren. Vielleicht kann ich ihm eine Schwester ersetzen.

Purzel halt dich an

Meine ältere Tochter war noch ein Kind, da hatte ihr ein Freund der Familie einen Goldhamster mit Käfig gekauft. Nachdem ich aber kein Tier in einem kleinen Käfig einsperren wollte, gehörte die damals 90 m² Wohnung ihm. Anfangs war es für mich ungewohnt, überhaupt seine Nachtaktivität. Als er mir das erste Mal in der Nacht über mein Gesicht lief, schrie ich wie am Spieß. Er tat es nicht mehr und ich hätte mich auch nicht mehr geschreckt. Wir nannten in Purzel und bald hörte er auf uns, wenn wir seinen Namen riefen. Er setzte sich in unsere Hand und war ganz zutraulich. Als wir lebhaft über ihn erzählten, meinte meine Mutter einmal: „Schade, dass so ein kleines Tier nicht denken kann." Einige Wochen später hatten wir folgendes Erlebnis mit ihm, das mir zeigt, dass so ein kleines Tier sehr gut denken kann und dass er wahrscheinlich auch telepathisch mit mir verbunden war, oder durch den Ton meiner Stimme erkennen konnte, wie er sich verhalten soll, damit er gerettet werden kann.

Als ich an einem Morgen ins Wohnzimmer kam, hörte ich in der Küche ein eigenartiges Kratzen. Ich ging dem nach, weil ich wusste, dass Purzel irgendwo ist und von da nicht mehr herauskann, daher meldete er sich mit dem Kratzen. Er war in die Waschmaschine gefallen. Aber nicht in die Trommel, sondern in den Innenraum. Die Waschmaschine war von oben zu befüllen und auch der Wasserschlauch kam oben durch ein Loch aus der Maschine. Das Loch war sehr eng, trotzdem musste sich Purzel zwischen Metall und dem Schlauch durchgedrückt haben und dann in der Waschmaschine hinuntergefallen sein. Bevor wir einen Techniker für die Waschmaschine holten, probierte ich ein Experiment, das auch gelungen ist.

Ich bog einen Drahtkleiderbügel auf, sodass unten der Bogen, den ich schmal zusammendrückte, war. Ich führte ihn in den Waschmaschinenraum bis zum Boden. Dann sagte ich: „Purzel halt dich an. Purzel halt dich an." Ich wiederholte es immer wieder, und er tat es wirklich. So lange, bis ich seinen Kopf beim Loch für den Schlauch sehen konnte. Dann zog ich ihn sanft mit den Fingern heraus. Es war immerhin etwa sechzig oder siebzig Zentimeter, den ich ihn mit dem Kleiderbügel hochgezogen habe. Meine immerwährende Aufforderung sich anzuhalten konnte er sicher nicht verstehen. Er konnte meinen Ton verstehen und wahrscheinlich telepathisch das wahrnehmen, was ich ihm empfohlen habe. Und da meinte meine Mutter, ein so kleines Hirn kann nicht denken.

Weshalb ich keinen Goldhamster habe? Sie leben nur ca. zwei Jahre. Zwei Mal hatte ich einen und jeder ist wesentlich älter geworden, wie es sonst Goldhamster werden. Wahrscheinlich, weil sie ihren Freiraum hatten und glücklich waren. Ihr Tod bzw. der Abschied, hat mich jedes Mal traurig gemacht und das will ich mir nicht mehr alle 3 Jahre (so alt wurde jeder der beiden), antun.

Wortlose Kommunikation

Zur Begleitung gehört es oft, zu ge-leiten. „Tausend Engel mögen dich geleiten", heißt es in einem Lied. „Leiten" ist gleichbedeutend wie „führen" oder „lenken", ohne Gewalt dabei auszuüben. Dazu braucht man sicher viel Einfühlungsvermögen, um eine Situation oder einen Zustand mit den Augen des anderen betrachten zu können.

Begleitung ist eine geistige, spirituelle Handlung. Körpersprache und Telepathie ist oft die Verständigungsform zwischen dem Begleiter und dem Menschen, welchen wir begleiten.

Ich war neunundzwanzig Jahre alt, als mein Schwiegervater einen Schlaganfall erlitten hatte und auf die Baumgartner Höhe eingeliefert wurde. Gegen Mitternacht wurden wir ins Krankenhaus gerufen. Es wurde uns gesagt, dass mein Schwiegervater vielleicht den Morgen nicht mehr erleben würde. Ein Freund, der gerade auf Besuch bei uns war, kam mit.

Als wir zum Bett meines Schwiegervaters kamen, war dieser ganz blau im Gesicht. Die Männer liefen gleich, um einen Arzt oder eine Schwester zu suchen. Ich konnte jedoch nicht danebenstehen und zusehen, wie mein Schwiegervater ersticken würde. Er hatte den Sauerstoffschlauch im Mund, also konnte da etwas nicht stimmen. Ich zog den Sauerstoffschlauch aus dem Mund meines Schwiegervaters und griff mit den Fingern hinein, um zu fühlen, warum er keine oder zu wenig Luft bekäme. Sein Gebiss hatte sich gelöst, lag quer im Mund, daher war der Schlauch nicht ganz dort, wo er sein sollte. Logischerweise nahm ich das Gebiss heraus und steckte den Sauerstoffschlauch wieder in den Mund meines Schwiegervaters. Sein Gesicht bekam wieder Farbe und er atmete richtig.

Ich besuchte zu dieser Zeit gerade den Bilanzbuchhalterkurs, hatte ein Kleinkind und einen Mann, der für die Arbeit zwei linke Hände hatte, sodass er sich nicht einmal ein Kaffeehäferl abwaschen konnte. Also blieb der ganze Haushalt für mich. Tagsüber arbeitete ich als Berufsanwärterin bei einem Steuerberater. Trotzdem nahm ich mir die Zeit und fuhr jeden zweiten Tag ins Krankenhaus. Oft war es schon spät, weil ich nach der Arbeit mein Kind versorgen musste und dreimal die Woche vom Kurs kam.

Die Krankenschwestern hielten mir die Tür offen, damit ich hineinkommen konnte und das vor fast vierzig Jahren, zu einer Zeit, in der man mit der Besuchszeit noch nicht so großzügig umgegangen ist. Heute denke ich, es waren vielleicht die Schuldgefühle wegen des Sauerstoffschlauchs, was ich ihnen nie angekreidet habe. Damals dachte ich aber, weil ich ihnen Arbeit abgenommen habe. Mein Schwiegervater musste wochenlang mit dem Löffel gefüttert werden. Ich nahm ihm bei jedem Besuch die Zähne aus dem Mund, er bekam inzwischen keinen Sauerstoff mehr, und putzte sie. Zweimal in der Woche rasierte ich ihn.

Obwohl er nicht sprechen konnte, unterhielten wir uns auf folgende Weise: Ich fühlte mich in ihn hinein. Er sprach mit den Augen und dem Körper, ich mit dem Mund. Was ich glaubte, in seinen Augen und der Ausstrahlung seines Körpers (die Körpersprache vermittelt die Wahrheit, mit dem Mund wird ja sehr oft gelogen) zu verstehen, sprach ich aus. Manches Mal war es nicht richtig, was ich fühlte, weil er es verneinte, aber meistens spürte ich, was er gerne aussprechen würde, denn er nickte dazu.

Man könnte selbstverständlich auch mit Händedrücken arbeiten. Ich glaube man kann sich vorstellen, wie erleichtert ich war, als es meinem Schwiegervater besser ging und er zwar langsam, aber doch wieder sprechen und allein essen konnte.

Ich besuchte ihn dann nicht mehr so oft. Das gefiel ihm gar nicht.

Eines Tages wurde ich vom Allgemeinen Krankenhaus angerufen, dass mich mein Schwiegervater ersucht, gleich ins Krankenhaus zu kommen. Also machte ich das auch, fragte aber, bevor ich zu ihm ins Zimmer ging einen Arzt, warum er jetzt im AKH sei. Mein Schwiegervater dürfte es nicht vertragen haben, dass ich mich nicht mehr so viel um ihn sorgte und sagte beim Essen, er hatte das Messer in der Hand: „Am besten wäre es, man würde sich die Pulsader aufschneiden". Na, da wurde er doch sofort in die Psychiatrie gebracht.

Lachend ging ich dann in das Zimmer meines Schwiegervaters. Er selbst war ein sehr fröhlicher und gutherziger Mensch und ich begrüßte ihn mit den Worten: „Das hast du nun davon." „Ich habe es doch nicht ernst gemeint", war seine Antwort. Schwer konnte er es akzeptieren, dass die Krankenschwestern auf der Baumgartner Höhe nicht die Verantwortung tragen konnten. Nach so einer Aussage mussten sie eine Meldung machen. Ich glaube dieses ereignete sich drei Tage, bevor er von der Baumgartner Höhe entlassen worden wäre. Mein ganzes Verhandeln mit den Ärzten half nichts. Er musste vierzehn Tage zur Beobachtung in der psychiatrischen Abteilung bleiben, was ich doch sehr gut verstehen konnte.

Nur da sein

Ich glaube ich war 48 Jahre alt, als mein Vater in einem Krankenhaus im Weinviertel lag. Nach der Jahresabschlussmesse in unserer Pfarre hatte ich eine Idee. Ich setzte mich ins Auto und fuhr in das Krankenhaus. Mein Vater machte große Augen und meinte: „Was macht ein junger Mensch am Silvester im Krankenhaus? Du solltest tanzen und dich unterhalten."

Als ich an seinem Bett saß, hatte ich für eine Zeitlang das Gefühl ich sei unnötig, denn Papa unterhielt sich angeregt mit seinen Mitpatienten und beachtete mich überhaupt nicht.

Heute weiß ich, dass mir damit eine Lehre erteilt wurde. Da ich mich gar nicht wohl fühlte, wollte ich schon nach Hause fahren. Dann aber kam mir der Gedanke, dass bei einigen Seminaren ausdrücklich darauf hingewiesen wurde, ein Begleiter muss lernen aushalten zu können, „nur da zu sein".
Als es die „Lebens- Sterbe- und Trauerbegleiter Akademie" in Lainz noch nicht gab, führte die Vereinsgründerin und Obfrau Isabella Benning und anschließend ich, die Begleiter der ARGE Haus des Friedens in die Thematik des Begleitens ein. Das Wort ausbilden gefällt mir nicht, es kommt mir überheblich vor. Ich legte immer großen Wert darauf, in manchen Situationen still zu sein. Nicht sprechen. Einfach „nur da sein".
Eventuell die Hand oder den Arm berühren. Berührung ist sehr wichtig. Allerdings muss man abwägen, ob es der begleitete Mensch auch möchte.

Zurück zu meinem Vater im Krankenhaus. Als ich mich fehl am Platz fühlte, war mein nächster Gedanke: „Das muss ich durchstehen, er soll nur fühlen, dass ich da bin." Ich fühlte auf einmal, dass er innerlich stolz darauf war jemandem so wichtig zu sein, um am Silvesterabend bei ihm am Bett zu sitzen, ohne zu reden. Die Stunde, beziehungsweise drei Stunden mit der Fahrzeit, schenkte ich ihm gerne, weil ich sehen konnte, dass ich ihn damit glücklich machte.

Ein Schnippchen geschlagen

Es gibt Menschen, welche nicht sterben wollen, andere, die schon sterben möchten und von den Angehörigen nicht „losgelassen" werden, was für die Sterbenden ganz sicher nicht leicht, ja sogar unangenehm ist.

Über so ein Verhalten hat mir eine Frau bei einem Trauergespräch erzählt. Sie war geschieden, weil sie mit 60 Jahren den Rest ihres Lebens mit ihrer Mutter verleben wollte. Die Mutter war an die 90 und seit einiger Zeit kränklich. Die Tochter verkaufte daher die kleine Wohnung ihrer Mutter und auch ihre eigene, um für sie beide eine größere zu kaufen.

Sie wollte ein Engel für ihre Mutter sein und war der Meinung, die Zuneigung und Liebe, die ihre Mutter ihr als Kind entgegengebracht hatte, will sie der Mutter jetzt vergelten. Sie sorgte auch für ihre Mutter, als wäre die Mutter ihr Kind. Sie fühlte jedoch, dass ihre Mutter immer schwächer und schwächer wurde, wollte aber nicht, dass sie stirbt, ehe sie wenigstens einige Jahre Mutterstelle an der Mutter vertreten durfte.

Eines Tages, als die Mutter wieder mit der Rettung ins Krankenhaus gebracht wurde, wollte die Tochter wie gewöhnlich mit dem Hund im eigenen Wagen nachfahren. Was sie auch getan hatte. Die Mutter war aber im Krankenwagen gestorben. Die Schuldgefühle der Tochter, weil sie beim Übertritt in den Tod nicht bei ihrer Mutter war, waren so groß, dass sie Hilfe brauchte. Am Ende unseres Gespräches konnte sie es annehmen, dass ihr die Mutter ein Schnippchen geschlagen hat und in der kurzen Zeit, die sie ohne Tochter sein durfte, das Weite gesucht hatte. Selbstverständlich habe ich nicht die gleichen Worte verwendet, aber sinngemäß war es so. Wenn die Lebenszeit eines Menschen abgelaufen ist, darf man ihn nicht zurückhalten, sonst ist man ein Engel mit gestutzten Flügeln.

Altersssturheit

„Altersssturheit" ist meiner Meinung nach, ein Wort, mit dem manche Menschen sagen möchten, dass ihnen die Umgangsweise ihres „alten" Gesprächspartners oder Gesprächspartnerin nicht passt. Sturheit ist bei uns ein negativer Ausdruck. „Stur" kommt von „Starre". Wenn man das beachtet, versteht man das Verhalten von Sturheit ganz anders.

Ich glaube, ein Mensch, welcher ein Leben lang liebenswürdig war, wird im Alter ganz sicher nicht auf einmal „stur", wobei meistens „eigensinnig oder böswillig" gemeint ist, werden. Es ist allerdings so, dass sich die Eigenschaften eines jeden Menschen im Alter verstärken. Das heißt:

Wer immer zärtlich, zuvorkommend, aufmerksam, höflich, mitfühlend, verständnisvoll und weise war, mit einem Wort: „liebevoll" oder „voll Liebe", ist es ganz sicher als alter Mensch auch, sogar noch intensiver.

Wenn aber jemand immer eigensinnig oder rücksichtslos war oder den Partner betrogen hat, meistens nur für die eigenen Wünsche offen war und die der anderen überhörte, wenn sie nicht in ihren oder seinen Kram passten, nicht für die Sorgen und Nöte anderer Menschen da war, wird es im Alter auch nicht sein. Auch der Egoismus und der Eigensinn verstärken sich im Alter. Das kann so weit gehen, dass man das Gefühl bekommt, der alte Mensch sei nicht mehr ganz bei Sinnen. Dabei ist er nicht anders, als er es immer war, nur ausgeprägter.

Wahrscheinlich erwartet man sich von einem alten Menschen, dass er Gott näherkommt oder dass er weiser ist als jüngere Menschen. Leider wird der Mensch nicht automatisch mit dem Alter auch weiser und reifer. Es fängt schon mit den Lebens-Erfahrungen an, die jeder mehr oder weniger macht und wie er damit umgeht. Lernt er daraus oder bleiben sie nur Erinnerung.

Eine große Rolle im Leben spielt ferner, welche Bücher man liest. Sind es Romane, Lehr-, Weisheits- oder Religionsbücher.

Kürzlich beschwerte sich eine Frau: „Warum ist meine Mutter nicht stolz auf mich? Ich habe doch Großartiges geleistet (Anm. d. Red. Ich kann das bestätigen). Es vermittelt mir das Gefühl, meine Mutter ist eifersüchtig auf mich, anstatt dass sie sich mit mir freut."

Eine andere Frau wurde nach dem Tod ihres Vaters von Gewissensbissen gequält, das ging so weit, dass sie Panikattacken bekam und ihr der Therapeut nicht heraushelfen konnte. Im Gespräch konnte ich von ihr Folgendes erfahren: Sie hatte einige Zeit bevor der Vater krank wurde, zu ihrer Mutter gesagt: „Hoffentlich stirbt der Vater vor dir, weil mit ihm allein sein, kann ich nicht ertragen, da er doch dauernd mit mir streitet." Nachdem ich mir von dieser Frau ihre Erlebnisse mit dem Vater von Kindheit bis zu seinem Tod erzählen ließ, wusste ich, dass er eine schwere Sünde an seiner Tochter begangen hatte. Er hatte ihr seine Vaterliebe verweigert. Dementsprechend habe ich mit dieser Frau gesprochen. Einige Wochen danach schickte sie mir ein eMail und bedankte sich dafür, dass ich ihr geholfen habe, wieder ohne Panikattacken leben zu können.

Blinde sehen – Lahme gehen

Von verschiedenen Organisationen, vom Bundesministerium für Soziales und vom Bundesministerium für Jugend und Familie, wie auch von einigen Ärzten werden Menschen zu mir geschickt, die einer Trauer- oder Sterbebegleitung bedürfen, weil sie „steckengeblieben" sind, beziehungsweise alte, schwerkranke oder sterbende Angehörige begleiten.

Meistens ist diesen Menschen mit einem Gespräch von ca. zwei Stunden, manchmal dauert es auch länger, geholfen. Ich fühle, wo das Bedürfnis liegt und miteinander können wir dann einen begehbaren Weg finden. Wenn die Leute kommen, wirken sie oft wie eine verwelkte Blume, doch wenn sie wieder weggehen, sehen sie aus, als wäre diese Blume aufgeblüht. Ich sage dazu: „Sie öffnen sich wie eine Lotosblüte." Das ist es, was mir immer wieder Kraft zum Weitermachen gibt.

Einige Angehörige kamen zu den monatlichen Treffen der Trauergruppe der ARGE Haus des Friedens und in akuten Fällen bin ich telefonisch jederzeit zu erreichen. Dazu bekommen sie meine Handynummer (ich nenne es TT, Taschen-Telefon, weil ich es in meiner Tasche mittrage). Ich löse sie am Kranken- oder Sterbebett ab, damit sie sich ein wenig erholen können, spreche mit ihnen und fallweise zeige ich ihnen Übungen, um mit dem Abschiedsschmerz besser umgehen zu können. Manches Mal wünschen Angehörige, dass ich mit ihnen bete. Dabei fallen mir immer wieder Stellen aus der Bibel ein, die ich mit meiner Freude an Gott und meinem Temperament erzähle. Es kam dabei schon vor, dass ein Blinder „sehend" wurde, ein Lahmer „gehend", ein Toter „auflebte" oder ein Gebeugter sich „aufrichtete" usw.

Einfühlungsvermögen

Eine Situation aus der Sicht des anderen sehen, mit seinen Augen betrachten. Das kann man sogar aus der Sicht der Tiere oder Pflanzen.

Meine Tochter hat mir von einem wunderbaren Erlebnis erzählt. Sie war mit einigen Freundinnen und Freunden bei einem Festival. Die jungen Leute hatten ihren Lagerplatz in der Nähe eines kleinen Wäldchens aufgeschlagen. Als sie ein Lagerfeuer machen wollten, ging ein junger Mann nach dem anderen Holz sammeln. Jeder von ihnen kam aber ohne Holz zurück, weil sie keines gefunden hatten. Also machten sich die Mädchen auf die Suche. Außer meiner Tochter hat aber auch kein Mädchen Brennholz gefunden. Meine Tochter, die ein sehr spiritueller Mensch ist, stellte sich zum Waldrand und stellte folgende Frage: „Wo würde ich liegen, wenn ich ein abgebrochener Ast dieser Bäume wäre?" Sie ging zu der wahrgenommenen Stelle. Was lag da? Äste, die groß genug waren, um das Abendessen der ganzen Gruppe zu sichern.

Dafür muss ein kritischer Geist entwickelt werden, der die Intelligenz anregt. Meine Tochter ist sehr einfühlsam und lebt die Spiritualität auch schon seit ihrer Kindheit.

Wir können nicht damit beginnen, bereits vollkommen zu sein, sondern wir müssen mit irgendetwas anfangen, dann entwickelt sich allmählich das wahre, instinktive Gefühl. Dafür darf man sich nicht abhängig von einer anderen Person machen, wie zum Beispiel einem Guru oder einem sogenannten Meister oder Lehrer. Das heißt nicht, dass man keine Hilfe annehmen darf. Abhängig darf man nicht werden, weil man dadurch wieder unfrei wird.

Wir können diese Wahrnehmungen oft nicht mit Worten erklären oder genau beschreiben. Aber daraus erwächst Weisheit.

Märchenerzählen am Krankenbett

Ich habe vor etwa zwanzig Jahren bei einer niederösterreichischen Referentin ein 3-Tagesseminar besucht, mit dem Titel: „Märchenerzählen am Krankenbett". Seither verstehe ich besser, was uns die alten Geschichten, Erzählungen, Märchen und Sagen – sagen bzw. vermitteln wollen.

Es wurde uns auch wunderbar gezeigt, wie wir einem Menschen – sein Leben als eine „Geschichte" verpackt spiegeln können, damit er Schlüsse daraus ziehen kann.

Seither habe ich schon einige Märchen „ent-schlüssel-t" und in die heutige Zeit versetzt. Das Wort entschlüsselt sagt schon, dass für die meisten Menschen die Märchen immer noch verschlossen sind, weil sie den Sinn, der dahintersteht, nicht verstehen können. Die Brüder Grimm haben das aufgeschrieben, was mündlich von Generation zu Generation weitergegeben wurde, nämlich: „Erziehungsmaßnahmen" der damaligen Zeit.

Es gab doch weder elektrisches Licht oder Bücher zum Lesen. Die Durchschnittsbevölkerung konnte gar nicht lesen oder schreiben. Und es gab kein Radio oder Fernseher.

Was uns Märchen erzählen

Ohne es erneut zu lesen, kennen wir das Märchen von Hänsel und Gretel, aufgeschrieben von den Gebrüdern Grimm. Von mir mit anderen Augen gesehen, bzw. die wahrscheinlichen Hintergründe dieses Märchens betrachtend.

Ein armes Bäckerehepaar bringt ihre beiden Kinder, Hänsel und Gretel in den Wald und lässt die beiden dort zurück. Wahrscheinlich in der Nähe des Knusperhäuschens. Da wohnte eine gutmütige alte Frau, zurückgezogen im Wald in einem Häuschen mit Backofen. Wozu brauchte sie einen Backofen? Na, um den Lebkuchen oder Honigkuchen zu backen. Niemandem wollte sie ihr Rezept verraten, denn es war ja ihre Einnahmequelle, von der sie leben musste. Ich bezeichne die

Frau als gutmütig, da sie den ausgehungerten, von den Eltern verlassenen Kindern reichlich zu essen gab. Hänsel hat sie sogar aufgepäppelt/aufgefuttert, damit er groß und stark wird und vielleicht ihre Nachfolge antritt.

Die Kinder haben aber diese alte, gutmütige Frau betrogen und belogen. Sie wurden von den Eltern nicht verlassen, sondern sie hatten den Auftrag, der Frau die verschiedenen Lebkuchenrezepte zu stehlen, die sie gut in ihrer Bäckerei verwenden könnten und damit reich werden würden.

Am Schluss haben sie die gutmütige Frau auch noch ermordet.

Im Märchen steht, nachdem sie die alte Frau getötet hatten: *„Und weil sie sich nicht mehr zu fürchten brauchten, so gingen sie in das Haus hinein, da standen in allen Ecken Kästchen mit Perlen und Edelsteinen."*
Entweder waren es so viele fertige Lebkuchen oder verschiedene Rezepte.

So wie bei „Hänsel und Gretel" ist in jedem Märchen ein Teil Wirklichkeit versteckt.

Oft wird im Märchen gezeigt, dass sich Bescheidenheit und Demut lohnt. Wie z.B. bei Rapunzel, Schneewittchen und in noch vielen anderen Märchen.

Im Märchen „Aschenputtel" steht, dass ihre verstorbene Mutter schöne Kleider und Schuhe bereithielt. War es die Tote, oder war es ein Engel?

Genauso wird Habsucht und Gier bestraft wie beim „Tischlein deck dich" usw.

Bei Rotkäppchen glaube ich, dass der Mord einer Großmutter erzählt werden soll, sowie die Vergewaltigung des Rotkäppchens.

96

In den meisten Märchen wird allerdings die Liebe gelehrt.

Gibt es Gerechtigkeit? Diese Frage beschäftigte mich schon lange Zeit, bevor sie mir eine Frau stellte, deren Sohn mit 27 Jahren plötzlich verstorben ist.

Ich möchte ihnen mit Hilfe eines Märchens einen Gedankenanstoß geben und meine Meinung darstellen: „Es gibt Gerechtigkeit!"

Frau Holle
von den Brüdern Grimm

Eine Witwe hatte zwei Töchter, davon war die eine schön und fleißig, die andere hässlich und faul. Sie hatte aber die hässliche und faule viel lieber, weil sie ihre eigene Tochter war, und die andere musste alle Arbeit tun und die Dienstmagd im Hause sein. Das arme Mädchen musste sich täglich auf die Straße zu einem Brunnen setzen und so viel spinnen, dass ihm das Blut aus den Fingern sprang.

Ist es nicht im Leben auch so, dass einer ein härteres Leben hat, wie andere? Wir fühlen uns dabei von Gott verlassen oder ungeliebt.
Wie wir am Ende des Märchens sehen können, wird gerade unsere Last im Leben, zu unserem Heil.

Nun geschah es einmal, dass die Spule ganz blutig war, deshalb bückte es sich damit in den Brunnen und wollte sie abwaschen. Da sprang ihm die Spule aber aus der Hand und fiel in den Brunnen hinab. Weinend lief das Mädchen zur Stiefmutter und erzählte ihr das Unglück. Diese schalt es aber so heftig und war so unbarmherzig, dass sie sprach: „Hast du die Spule hinunterfallen lassen, so hol sie auch wieder herauf!"

Wir mühen uns oft und bemühen uns, um ein angenehmes, gesichertes Leben führen zu können. Um anerkannt und

geliebt zu werden, stattdessen kommt ein Niederschlag nach dem anderen. Unvorhersehbar und oft unberechenbar, aber auch unabwendbar.
In solcher Situation werden wir oft noch dazu von der Familie im Stich gelassen, oder was noch schlimmer ist, gedemütigt.

Da ging das Mädchen zu dem Brunnen zurück und wusste nicht, was es anfangen sollte. In seiner Herzensangst sprang es in den Brunnen, um die Spule zu holen. Es verlor die Besinnung.

Solche Erlebnisse sind sehr oft Auslöser für tiefe Depressionen oder Panikattacken und Angstzustände. Wir fallen (manche springen) in das schwarze Loch, in den tiefen Brunnen. Wer das schon einmal erlebt hat, weiß, es ist ein Zustand von Bewusst-los-igkeit, man verliert die Besinnung. Man ist nicht fähig Termine einzuhalten, weil man nicht fähig ist, die Kraft aufzubringen, um das schützende Haus oder die Wohnung zu verlassen. Die Sichtweite reicht nur eine Handbreit vor das Gesicht.

…und als es erwachte und wieder zu sich selbst kam, war es auf einer schönen Wiese, wo die Sonne schien und viel tausend Blumen standen. Auf dieser Wiese ging das Mädchen weiter und kam zu einem Backofen, der war voller Brot; das Brot aber rief: „Ach, zieh mich ´raus, sonst verbrenn´ ich; ich bin schon längst ausgebacken." Da trat es hinzu und holte mit dem Brotschieber alle Laibe nacheinander heraus.

Wenn man aber wieder aus diesem Zustand herauskommt, kann uns das schon vorkommen, wie das Erwachen auf einer Wiese, wo die Sonne scheint und viele bunte Blumen sind. Auferstehung oder emporsteigen wie eine Friedenstaube, nenne ich es oft. Erstens, weil ich es so empfunden habe und zweitens, weil Menschen, welche das Tief erlebt haben, nach ihrem Erwachen eine andere Wertschätzung haben. Ihre Werte haben sich auf das Wesentliche im Leben verschoben. Die vielen bunten Blumen, stellen sich mir als die vielfältige

Liebe um uns herum dar. Wir werden hellhörig und erkennen eher den Hilferuf unserer Mitmenschen. Beziehungsweise, wir nehmen ihn ernst und helfen, wo wir können.
Ich glaube aber, auch Menschen, welche nicht in „das schwarze Loch" gefallen sind, werden, wenn sie dem Ruf der Brote nachkommen, das gleiche Schicksal wie das der Goldmarie erwarten können.

Danach ging es weiter und kam zu einem Baum, der hing voll Äpfel und rief ihm zu: „Ach, schüttel mich, schüttel mich, wir Äpfel sind alle miteinander reif." Da schüttelte es den Baum, dass die Äpfel fielen, als regnete es und schüttelte, bis keiner mehr oben war; und als es alle auf einen Haufen zusammengelegt hatte, ging es wieder weiter.

Der Baum ruft doch: „Hilf so viel du kannst!" Es gibt so viele Menschen wie es Äpfel gibt, welche unserer Hilfe, unserer Begleitung, eines liebevollen Wortes, Hilfe und Beistand von uns bedürfen.
War die Goldmarie ein Engel? Oder „nur" ein gutmütiges, hilfsbereites Mädchen?

Endlich kam es zu einem kleinen Haus, daraus guckte eine alte Frau; weil sie aber so große Zähne hatte, wurde dem Mädchen Angst, und es wollte fortlaufen. Die alte Frau aber, rief ihm nach: „Was fürchtest du dich, liebes Kind? Bleib bei mir; wenn du alle Arbeit im Haus ordentlich tust, so soll dir`s gut gehen. Du musst nur achtgeben, dass du mein Bett gut machst und es fleißig aufschüttelst, dass die Federn fliegen, dann schneit es in der Welt; ich bin die Frau Holle.

Schon im Alten Testament können wir lesen, dass sich jede Prophetin und jeder Prophet wehrt, wenn er seine Berufung wahr-nimmt. „Warum gerade ich? Ich kann das nicht, ich schaff das nicht, ich habe Angst davor."

Weil die Alte ihr so gut zuredete, fasste sich das Mädchen ein Herz, willigte ein und begab sich in ihren Dienst. Es besorgte auch alles nach ihrer Zufriedenheit und schüttelte ihr das Bett immer fest auf, dass die Federn wie Schneeflocken umherflogen; dafür hatte es auch ein gutes Leben bei ihr, kein böses Wort, und alle Tage Gesottenes und Gebratenes.

Von mir selbst kann ich sagen, wenn ich vor etwas Angst habe, wo ich das Gefühl verspüre, es ist Gottes Wille, dass ich dieses oder jenes mache, überwinde ich meine Ängste und mein Unbehagen immer wieder und folge Gottes Ruf. Danach geht es mir gut. Oft sehe ich auch gleich den Erfolg und freue mich von ganzem Herzen darüber. Es tut genauso gut wie Gesottenes oder Gebratenes.

Als das Mädchen eine Zeitlang bei der Frau Holle war, wurde es traurig und wusste anfangs selbst nicht, was ihm fehlte. Endlich merkte es, dass es Heimweh hatte; obgleich es ihm hier vieltausendmal besser ging als zu Hause, so hatte es doch ein Verlangen dahin.
Hier möchte ich das Sterben meines Vaters anführen. Er hatte bis einige Jahre vor seinem Tod, entsetzliche Angst davor. Doch bei einem Gespräch ca. 5 Jahre vorher, sagte er mir, dass er keine Angst mehr vom Tod hat. Trotzdem lebte er sehr gerne und wollte nicht sterben. Im Gegensatz zu mir. Ich freue mich auf den Tod. Das Leben ist mir eine schwere Last.

Ein Jahr vor seinem Tod aber, nahm er Abschied vom Leben. Ich fühlte in diesem Jahr: „Papa bereitet sein Bett zum Sterben. Er will nach Hause."

Endlich sagte es zur Alten: „Mich hat das Heimweh gepackt, und wenn es mir auch noch so gut hier unten geht, so kann ich doch nicht länger bleiben; ich muss wieder hinauf zu den Meinigen."

Ich glaube, es gibt kaum einen Menschen, welcher nicht Sehnsucht nach der Einswerdung hat. Wir suchen es im Partner, in dem wir es auch teilweise finden können. Doch es ist Sehnsucht nach dem Paradies, von dem wir herkommen, nach der „Einswerdung mit Gott". „Sehnsucht nach Hause" nannte es Dr. Elisabeth Kübler-Ross.

Die Frau Holle sagte: „Es gefällt mir, dass du wieder nach Hause willst, und weil du so treu gedient hast, so will ich dich selbst wieder hinaufbringen." Sie nahm es darauf bei der Hand und führte es bis vor ein großes Tor. Das Tor tat sich auf, und wie das Mädchen gerade darunter stand, fiel ein gewaltiger Goldregen, und alles Gold blieb an ihm hängen, so dass es über und über davon bedeckt war.

Das ist wohl die schönste Stelle dieses Märchens. Für mich der Höhepunkt im Leben. Der Tod ist die Krone des Lebens!
„Das sollst du haben, weil du so fleißig gewesen bist", sprach die Frau Holle und gab ihm auch die Spule wieder, die ihm in den Brunnen gefallen war.
Das ist Gerechtigkeit!!!!
Darauf wurde das Tor verschlossen, und das Mädchen befand sich oben auf der Welt, nicht weit von seiner Mutter Haus; und als es in den Hof kam, saß der Hahn auf dem Brunnen und rief: „Kikeriki, unsere goldene Jungfrau ist wieder hie!"

Wenn sie das Märchen zu Ende lesen, werden sie noch einmal die Gerechtigkeit erfahren. Da aber an einem Menschen, welcher nicht das Ziel: „Gutes zu tun" hatte.

Da ging das Mädchen hinein zu seiner Mutter, und weil es so mit Gold bedeckt kam, wurde es von ihr und der Schwester gut aufgenommen. Das Mädchen erzählte alles was es erlebt hatte und als die Mutter hörte, wie es zu dem großen Reichtum gekommen war, wollte sie der anderen hässlichen und faulen Tochter, gerne dasselbe Glück verschaffen. Sie musste sich an den Brunnen setzen und spinnen; und damit die Spule blutig wurde, stach sie sich in die Finger und stieß sich die Hand in die Dornenhecke. Dann warf sie die Spule in den Brunnen und sprang selbst hinein. Sie kam wie die andere, auf die schöne Wiese und ging auf demselben Pfad weiter. Als sie zu dem Backofen gelangte, schrie das Brot wieder: „Ach, zieh mich `raus, sonst verbrenn` ich; ich bin schon längst ausgebacken." Die Faule antwortete: „Hab keine Lust, mich schmutzig zu machen!" und ging fort. Bald kam der Apfelbaum, der rief: „Ach, schüttel mich, schüttel mich, wir Äpfel sind alle miteinander reif." Sie antwortete aber: „Du kommst mir recht, es könnte mir einer auf den Kopf fallen!" und ging dann weiter. Als sie vor der Frau Holle Haus kam, fürchtete sie sich nicht, weil sie von ihren großen Zähnen schon gehört hatte und verdingte sich gleich bei ihr.

Am ersten Tag war sie fleißig und folgte der Frau Holle, wenn sie ihr etwas sagte, denn sie dachte an das viele Gold, das sie ihr schenken würde. Am zweiten Tag aber fing sie schon an zu faulenzen, am dritten noch mehr; schließlich wollte sie morgens gar nicht mehr aufstehen. Sie machte auch der Frau Holle das Bett nicht, wie sich`s gebührte und schüttelte es nicht, dass die Federn aufflogen. Da hatte die Frau Holle bald genug von ihr und kündigte ihr den Dienst auf. Die Faule war damit zufrieden und meinte, nun würde der Goldregen kommen. Die Frau Holle führte sie auch zu dem Tor. Als das faule Mädchen aber darunter stand, wurde statt des Goldes ein großer Kessel voll Pech ausgeschüttet.

„Das ist die Belohnung deiner Dienste", sagte die Frau Holle und schloss das Tor zu. Da kam die Faule heim, aber sie war ganz mit Pech bedeckt und der Hahn auf dem Brunnen rief, als er sie sah: „Kikeriki, unsere schmutzige Jungfrau ist wieder hie!" Das Pech aber blieb fest an ihr hängen und wollte, solange sie lebte, nicht abgehen.

Wer ist Frau Holle? Gott oder unser Schutzengel? Unser Gewissen? Oder jemand der begleitet? Ein Angehöriger, ein Freund, oder „der Nächste"?

Im Tod vereint

Nach dem Tod meines Vaters war ich jede Woche bei meiner Mutter in Niederösterreich und habe manchmal auch bei ihr geschlafen, weil sie das so wollte. In dieser Zeit war sie liebevoll und warmherzig. Auf dem Tisch hatte sie ein großes Foto meines Vaters und eine Kerze stehen. Dann kam der Gottesdienst zum Gedenken an den ersten Todestag meines Vaters. Es war für diesen Tag schon jemand im Messkalender eingetragen, und zwar für den Neffen meiner Mutter, mit dem sie in Zwietracht lebte. Voll Entsetzen beschwerte sie sich, dass sie unter keinen Umständen den Gedächtnisgottesdienst für meinen Vater gemeinsam mit ihrem „verfeindeten" Neffen haben will. Für mich aber war das eine wunderbare Botschaft, ein Geschenk Gottes. Die Botschaft, dass die beiden in der Ewigkeit vereint sind. Sie sind beide in der Herrlichkeit Gottes, für sie gibt es keinen Unfrieden mehr. Wir Hinterbliebenen sollten das wahr-nehmen. Ich gehe sogar so weit, dass sich dadurch die beiden Frauen versöhnen sollten.

Da meine Schwester der gleichen Ansicht wie meine Mutter war, fragte ich Gott bei der Morgenmeditation, ob ich mich meiner Mutter und meiner Schwester gegenüber anders verhalten muss. Was ich an mir ändern soll. Als telepathische Antwort bekam ich: „Geh in dein Arbeitszimmer, am kleinen Tischchen neben der Tür liegt die Antwort." Als ich in meinem Arbeitszimmer ankam, staunte ich sehr. Auf dem kleinen Tisch in meinem Arbeitszimmer lag ein grüner Bleistift, auf dem in goldener Schrift stand: „ENGEL". Mir war das vorher nie aufgefallen. Sie können sich sicher vorstellen, wie tief berührt ich war. Nun kannte ich die Antwort. Ich erzählte manchmal von dem Bleistift und zeigte ihn auch her, weil es für mich ein Wunder war. Nach einiger Zeit war der Bleistift verschwunden und unauffindbar. Er sollte halt nur als Antwort dienen, vielleicht tut er das jetzt bei jemand anderem.

Die Frau des Neffen meiner Mutter wusste von der Auseinandersetzung zwischen meiner Mutter, meiner

Schwester und mir nichts, aber sie hatte mich kurze Zeit danach von sich aus sehr liebevoll angesprochen und gesagt: „Ilse, dass du was Besonderes bist, habe ich schon lange gemerkt."

Die Liebenswürdigkeit meiner Mutter war seit dem Trauerjahr wieder vorbei und das Bild meines Vaters hatte sie vom Tisch entfernt.

Durch die Hilfe eines Therapeuten, der mir sagte: „Ihre Mutter hat sie ein Leben lang missbraucht", habe ich meine Sichtweise verändert. Ich sage nicht "sie missbrauchte mich", sondern: „Aus Liebe habe ich zugelassen, dass sie mich missbrauchen konnte."

Als sie mich z.B. nach dem Therapeuten einmal angerufen hatte und mit einem Vorwurf in der Stimme fragte: „Na, bist du nicht neugierig, wie es deiner alten Mutter geht?" gab ich gelassen zur Antwort: „Bist du nicht neugierig, wie es deiner Tochter geht?" Da veränderte sie plötzlich ihren Ton. Ich möchte dazu erklären, dass ich eine Woche vor dem Anruf bei ihr war. Ihr ging es wunderbar, sie war viel gesünder als ich. Und – zwei meiner Geschwister, sowie einige Nichten und Neffen leben im selben Ort, teilweise nur einige Kilometer entfernt. Heute weiß ich auch, dass meine Kraftlosigkeit nach der Auseinandersetzung mit meiner Mutter aufgetreten ist und über zwei Jahre lang angehalten hat.

Ich fühlte damals Zorn in mir und konnte ihn nicht loslassen. Mir ging es darum: „Wie heile ich mich, ohne meine Mutter zu verletzen. Sie könnte ja sterben und ich könnte die Verletzung nicht mehr gut machen. Dann ergeht es mir wieder, wie es mir siebzehn Jahre lang nach dem tödlichen Absturz meines Kletterpartners ergangen ist. Das will ich nie mehr erleben." Da kam ich auf folgende Idee. Eines Abends stellte ich mir vor, ich würde mit meinen Töchtern so umgehen, wie meine Mutter mein Leben lang mit mir umgegangen ist. Es war fürchterlich. Ich war eine vielfache Verbrecherin. Ich gab mir Namen, die ich für meine Mutter nie in den Mund genommen hätte. Ich war ein Dämon, weit weg vom göttlichen Pfad. Es war, als würde ein Vulkan ausbrechen. Die Verletzungen, die meine Mutter mir ein Leben lang angetan hatte und die jahrelang in mir verschlossen waren, kamen wie ein Vulkan zum Ausbruch. Ich konnte die ganze Nacht nicht schlafen.

Nun, was hatte sie mir angetan? Seit meinem zwölften Lebensjahr musste ich viel Unangenehmes für sie tun oder ihr abnehmen. Dazu sagte sie immer: „Ilse tu es für mich." Ich musste sogar einen Mann heiraten, den ich nicht liebte, nur um durch ihn immer für sie da sein zu können. Als ich einige Jahre vor dem Tod meines Vaters enterbt wurde, fragte meine jüngere Tochter meine Mutter: „Weshalb wird meine Mutter enterbt?" worauf ihr meine Mutter eine für mich sehr verletzende Antwort gegeben hat. Anstatt, dass ich meiner Mutter daraufhin meine Meinung gesagt hätte, sagte ich nur: „Das Beste, das ihr machen konntet, war mich zu enterben, jetzt seht ihr, dass ich alles was ich für euch tue, aus Liebe zu euch mache." Ich muss noch hinzufügen, dass meine Eltern und nach dem Tod meines Vaters meine Mutter, meiner Schwägerin monatlich das Pflegegeld auszahlten, obwohl meine Mutter bis zwei Monate vor ihrem Tod den Haushalt selbst geführt hat. Wäsche aufhängen, bügeln und staubsaugen musste ich, weil ihr das zu anstrengend war.

Als mich meine Mutter telefonisch zu sehr bedrängte, schrieb ich ihr einen Brief mit der Bitte, mich nicht anzurufen bis ich mich melde. Man möchte es nicht glauben, es war das erste Mal in meinem Leben, dass sie sich wirklich an meine Bitte gehalten hatte und wartete bis ich von allein zu ihr kam. Es könnte sein, dass sie den Brief mit meiner Schwägerin oder mit meiner Schwester besprochen hatte und die haben ihr aufgetragen, auf mich zu warten.

Ich habe sehr viel um die Unterstützung Gottes gebetet, um meiner Mutter verzeihen zu können und führte Rituale durch.

Ich habe z.B. einen sehr großen Gummibaum mit weißen Bändern behängt. Es sollte ein Zeichen des Friedens und der Versöhnung für mich sein. Als Vergleich des verlorenen Sohnes, der vom Vater liebevoll empfangen wurde. Kurze Zeit danach hatte ich das Gefühl, dass ich soweit bin, um meine Mutter wieder liebevoll in meine Arme nehmen zu können. Daraufhin habe ich sie besucht.

Es war mein letzter Besuch bei ihr, was ich aber zu dieser Zeit nicht wusste. Ich dachte beim Verabschieden: „Es wird das letzte Mal sein, dass wir uns voneinander trennen." Daher habe ich mich bei der Tür noch einmal umgedreht, sah ihren Blick, der mir sagte, dass es so sein wird und bin noch einmal zu ihr zurückgegangen, um sie in die Arme zu nehmen. Es war das letzte Mal. Sie ist kurz danach überraschend gestorben.

Ratschläge eines Sterbenden
an seinen Begleiter.

Ich glaube nicht, dass diese Ratschläge von einem sterbenden Menschen ausgesprochen wurden, sondern es stellte sich jemand vor, dass er diese Wünsche für die letzte Zeit vor dem Sterben haben wird. Trotzdem bin ich mit den meisten Bitten einverstanden, weil ich den Tod erlebt habe, aber nicht die Zeit davor - das Sterben.

Der Verfasser ist unbekannt.

1. Lass nicht zu, dass ich in den letzten Augenblicken entwürdigt werde. Das heißt, lass mich, wenn es irgendwie einzurichten ist, in der vertrauten Umgebung sterben. Das ist schwerer für dich. Aber es wird dich bereichern, Sterbebegleiter zu sein.

2. Bleibe bei mir, wenn mich jetzt Zorn, Angst, Traurigkeit und Verzweiflung heimsuchen. Hilf mir, zum Frieden hindurch zu gelangen.

3. Denke dann nicht, wenn es so weit ist und du hier ratlos an meinem Bett sitzt, dass ich tot sei. Das Leben dauert länger, als Ärzte sagen. Der Übergang ist langwieriger, als wir bisher wussten. Ich höre alles, was du sagst, auch wenn ich schweige und meine Augen gebrochen scheinen. Drum sag jetzt nicht irgendwas, sondern das Richtige. Du beleidigst nicht mich, sondern dich selbst, wenn du jetzt mit deinen Freunden belanglosen Trost erörterst und mir zeigst, dass du in Wahrheit nicht mich, sondern dich selbst betrauerst, wenn du nun zu trauern beginnst. So vieles, fast alles ist jetzt nicht mehr wichtig.

4. Das Richtige, was du mir jetzt sagen möchtest, wenn ich dich auch nicht mehr darum bitten kann, wäre zum Ersten das, was es mir nicht schwer, sondern leichter macht, mich zu trennen. Denn das muss ich. Ich wusste es auch längst, bevor du oder der Arzt es mir mit euren verlegenen Worten eröffnet hatte.

Also sag mir, dass ihr ohne mich fertig werdet. Zeig mir den Mut, der sich abfindet, nicht den haltlosen Schmerz. Mitleid ist nicht angebracht. Jetzt leide ich nicht mehr. Sag mir, dass du das und das mit den Kindern vorhast und wie du dein Leben ohne mich einrichten wirst. Glaub nicht, es sei herzlos, das jetzt zu erörtern. Es macht mich freier.

5. Das Richtige, was du mir jetzt sagen möchtest, wenn ich dich auch vielleicht nicht mehr darum bitten kann, wäre das Wort, aus dem ich gelebt habe. Wenn nichts bleibt vom Leben auf Erden, so sind es doch diese Worte. Und wenn sie nicht Wort geworden wären in unserem Leben, so musst du jetzt versuchen, sie zu finden. Hat sie es nicht gehabt, so hat unsere Liebe doch immer auf ihr Wort gehofft. Vielleicht war es ein einziger Bibelvers, aus dem wir lebten, ein Leben lang, ein einziger, der unser Suchen jetzt zusammenfasst. Versuch ihn zu finden und mir ins Ohr zu sagen. Ich höre.

6. Ich höre, obwohl ich schweigen muss und nun auch schweigen will. Halte meine Hand. Ich will es mit der Hand sagen. Wisch mir den Schweiß von der Stirn. Streich die Decke glatt. Bleib bei mir. Wir sind miteinander verbunden. Das ist das Sakrament des Sterbestands. Wenn nur noch die Zeichen sprechen können, so lass sie sprechen.

7. Dann wird das Wort zum Zeichen. Jetzt hättest du mehr von mir zu lernen als ich von dir. Ich blicke schon durch die Tür. Jetzt, da ich davongehe, wünsche ich, dass du beten kannst, das heißt, das Gute erkennst, das Gott uns jetzt schickt. Klage nicht an - es gibt keinen Grund. Sage Dank - ich werde Gott schauen. Und dir wird es auch geschenkt werden.
8. Morgen, wenn sie dich nicht mehr allein lassen mit mir, sorge dafür, dass der Ton dieser Stunde zwischen uns nicht verloren geht. Lass die ehrenden Worte auf der Anzeige, den Aufwand auf dem Friedhof. Das alles erreicht mich nicht mehr.

9. Und wenn dir mein Sterben ferner und ferner rückt, die letzte Kondolenz beantwortet ist und du, wie es jedermann erwartet, in Trauer zurückfallen sollst, so wehre dich mit aller Kraft. Das viele Trauern in der Welt ist nur die andere Seite unseres Unglaubens, und das Schlimmste ist, dass gerade die meisten Christen Ernst mit Traurigkeit verwechseln und von der Sonne singen, ohne zu leben. Du sollst von mir wissen, dass ich der Auferstehung näher bin als du selbst.

10. Nimm mit dir mit, was wir zusammen erlebt haben, als ein kostbares Vermächtnis. Lass mein Sterben dein Gewinn sein, wie das Sterben unseres Heilandes unser Gewinn ist. Leb dein Leben fortan ein wenig bewusster als dein Leben vor dem Tod. Es wird schöner, reifer und tiefer, inniger und freudiger sein, als es zuvor war, vor meiner letzten Stunde, die meine erste ist.

Wenn es so weit sein wird mit mir

Wenn es so weit ist mit mir,
brauche ich den Engel in dir.

Bleibe still neben mir in dem Raum,
jag' den Spuk, der mich schreckt, aus dem Traum.
Sing ein Lied vor dich hin, das ich mag
und erzähle, was war manchen Tag.

Zünd ein Licht an, das die Angst mir verscheucht,
mach die trockenen Lippen mir feucht.
Wisch mir Tränen und Schweiß vom Gesicht,
der Geruch des Verfalls schreck dich nicht.

Halt ihn fest, meinen Leib der sich bäumt,
halte fest, was der Geist sich erträumt.
Spür das Klopfen, das schwer in mir dröhnt,
nimm den Lebenshauch wahr, der versöhnt.

Wenn es so weit sein wird mit mir,
brauche ich den Engel in dir.

(Dichter ist unbekannt)

Der Klient, Gefährte, Pakli

Es schmerzt mich bis tief in die Seele, wenn ich höre, dass jemand vom „Klienten" spricht, wenn er den Menschen meint, den er begleitet. Meine Gedanken dazu sind folgende:

„Klient" ist jemand, der die Hilfe eines Rechtsanwaltes, Notars oder Steuerberaters in Anspruch nimmt. „Patient" ist jemand, der einen Arzt aufsucht, und „Schützling" hat den Anstrich von unbeholfen oder tollpatschig. Bleibt noch die Möglichkeit ihn einen „Freund oder Freundin" zu nennen, wenn der Mensch gemeint ist, den wir ein Stück seines Lebensweges begleiten. Dem wir mit unserer Liebe und unserer Erfahrung im Umgang mit Menschen, ihrer Seele, ihrem Körper und Geist stützen und ihm mit unseren Worten Kraft geben wollen. Dabei haben wir so oft Gelegenheit, tief in seine Seele zu blicken. Die Folgerung daraus wäre, man distanziert sich von dem Menschen, oder er wird zum „Freund".

Für mich ist in der Begleitung das richtige Wort: *Gefährte*. Als *Begleiter* gehe ich mit dem (Weg)Gefährten. Ich begleite ihn auf dem Weg durch die Krise. Im Sprachgebrauch ist klar zu erkennen, wer der Begleiter, und wer der Gefährte ist.

Anders ist es bei Therapeuten und Heilern, die keine Ärzte sind. Ein Mensch, der sich an sie wendet, ist weder Klient noch Patient. Ich könnte mir gut das Wort „Pakli", zusammengesetzt aus dem Wort Patient und Klient, vorstellen. Jeder wüsste bei der Verwendung dieses Wortes, was gemeint ist.

Der Herr segne Dich

Immer wieder sang ich dieses Lied und hielt dabei meine damals einundzwanzigjährige Tochter in den Armen. In langsamen, kleinen Schritten wiegten wir uns im Kreis. Als ihr Schluchzen so stark war, dass ihr ganzer Körper bebte, der von Lähmungen befallen war, änderte ich den Text und sang mit erstickter Stimme: „Der Herr seegnet Dich, der Herr behüütet Dich und gleich weieine iich mit Diiir mit." Beide lachten wir kurz dazu und ich sang unaufhörlich weiter, bis das Beben ihres Körpers aufhörte. Inbrünstig war währenddessen meine Bitte um den Segen Gottes für dieses wunderbare Mädchen. Meine Gedanken lauteten: „Allmächtiger Gott, nicht mein, sondern DEIN Wille geschehe. DU hast sie mir gegeben, DU hast auch das Recht sie zu nehmen. Beschütze mein Kind, wenn sie am Leben bleibt oder zu DIR nach Hause kehrt." Ich war bereit, wenn auch mit großen Schmerzen, ihm sein Geschenk wieder zurückzugeben, wenn er es unbedingt wollte.

Es gibt wenige Menschen, die mich verstehen. Ich jedoch kann diese Menschen verstehen, denn wer nicht mein Leben gelebt hat, hat auch meine Erfahrungen nicht gemacht, die mich prägen.

Der Höhepunkt ihrer Erblindung und Lähmungen war erreicht. Drei Stunden nach dem „Tanz" sagte meine Tochter: „Mama es ist besser." Ich hätte nicht gedacht, dass mir einige Tage nach der TV-Sendung, in der meine Tochter und ich über unsere Todesnaherlebnisse erzählten, Gott gleich meine Meinung beweisen lässt.

Nachdem uns die Ärzte damals noch nicht eindeutig sagen konnten, woran meine Tochter erkrankt war, setzten wir uns beide damit auseinander. Wir waren bereit alles was kommt, gottergeben und demütig anzunehmen. Wir fuhren jeden Tag ins Krankenhaus, da meine Tochter ambulant untersucht wurde. Manches Mal musste ich sie fast tragen, so schlecht war sie auf den Beinen. Das Schlucken und Sprechen fiel ihr schwer, ihre Glieder konnte sie kaum bewegen. Als sie nach den Untersuchungen und den ersten Kortison-Infusionen ihre Finger wieder bewegen konnte, komponierte sie eine Melodie: Sie nannte sie „Das flüstern der Bäume." Bevor ich meine Tochter in das Sanatorium am Rosenhügel brachte damit man sie punktierte, wo sie auch einige Tage bleiben musste, spielte sie mir die Melodie zum Abschied auf dem Klavier vor. Wie es uns beiden dabei ging, können sie sich sicherlich vorstellen.

Meine ältere Tochter war die Stärkste von uns dreien, dabei aber sehr liebevoll zu ihrer Schwester. Ich bin ihr dankbar dafür. Gott hat mir wunderbare Kinder geschenkt.

Krankheit als Begegnung

Als wir einmal in einer Gruppe über Krankheiten sprachen und ich die Situation mit meiner erkrankten Tochter erzählte, meinte jemand aus der Runde: „Da geschieht Gottesbegegnung." Diese Antwort war für mich wunderbar und eröffnete mir wieder einmal einen tiefen Einblick in den „Willen Gottes". Wen Gott liebt, züchtigt er. Durch die schwere Krankheit meiner Tochter wurde mir trotz oder gerade wegen der großen Sorge und Angst, ich könnte sie verlieren, oder sie müsste den Rest ihres Lebens im Rollstuhl verbringen, bewusst, wie viel Liebe durch solche Ereignisse frei werden. Es war ein Mann, der darauf antwortete, dass es schade sei, wenn es dazu solch schlimmer Erlebnisse bedarf. Es ist aber so: „Wo nichts ist, wird nichts." Also, zwischen meinen Kindern und mir herrscht schon eine außergewöhnliche Harmonie. Ich habe auch ein ganzes Leben daran (an mir) gearbeitet. Ich spüre oft, wenn es einer meiner beiden Töchter schlecht geht - im Besonderen aber bei der Tochter, die damals so schwer erkrankt war und nicht mehr ganz gesund geworden ist. Aber auch die Mädchen untereinander spüren, wenn eine von ihnen in Gefahr ist oder wenn es einer schlecht geht. Manches Mal bräuchten wir kein Telefon, um uns zu verständigen. Wahrscheinlich ist es dann meine positive Energie, die ich an die Tochter die gerade Hilfe braucht, sende. Diese Energie vermittelt ihnen Durchhaltekraft - haben mir die beiden öfter erzählt. Oder ist es Gottes Segen, um den ich jedes Mal dabei bitte, der ihnen hilft? Ich denke, jeder kann es nach seinem Ermessen benennen. Ich bin davon überzeugt, dass es etwas gibt, was wir nicht sehen, nicht verstehen, aber wahrnehmen können und das ist für mich Gott.

Als ich zu Beginn der Krankheit meiner Tochter vor Kummer, Sorge und Angst so voll war, dass ich es nicht mehr ertragen konnte, betete ich um Hilfe, damit ich stark sein könne. Mein Blick fiel auf eine Kerze aus Maria Taferl, auf der die Pieta abgebildet war. Ich nahm diese Kerze vom Kasten, auf dem sie stand, stellte sie auf den Tisch und betrachtete sie. Ja, so wie es Maria in diesem Moment erging, geht es mir jetzt auch, dachte ich. Ich habe sie beneidet, weil es bei Maria nur einige Stunden dauerte, wo sie die Qual ihres Sohnes mit ansehen musste - bei mir waren es aber schon Wochen. Wochen ohne oder nur wenig Schlaf, Mitgefühl für meine Tochter, Tränen und Angst. Zweifel am Wort Gottes. Meiner Meinung nach hatte er mir bei meinem Unfall vor Jahren versprochen, meinen Töchtern zwar Leid, weil es formt, aber doch kein schweres Leid zufügen zu lassen. Wird er sein Wort halten? War es damals das Wort Gottes das ich fühlte oder war es nur Einbildung? So sehr ich davon überzeugt bin, die Eingebungen, die ich immer wieder habe, sind Gottes Werk, da es mir so oft bestätigt wird, zweifle ich doch immer wieder, ich könnte es mir doch nur einbilden. Nachdem mir noch dazu ein Priester ein paar Mal sagte: „Das bildest du Dir alles nur ein", steht mein Vertrauen auf noch schwächeren Beinen.

Dieses Mal hat mir Gott wieder gezeigt, dass ich mich auf sein Wort verlassen kann. Zwar leidet meine Tochter immer noch an dieser Krankheit, aber mit Medikamenten kann sie ganz gut damit leben. Seit Kortison dagegen eingesetzt wird, hat sie den Stachel des Siechtums und baldigen Todes verloren. Kurze Zeit vor dem Ausbruch war diese Krankheit noch sehr schlimm.

Zurück zur Kerze aus Maria Taferl. Ich getraute mir die Kerze nicht anzuzünden, um meine Tochter nicht auf meine ausgestandene Angst aufmerksam zu machen. Am nächsten Abend, wir hielten uns wie so oft in den Armen, erzählte sie mir, dass sie große Angst hätte. Nun gestand ich ihr meine Ängste: „Ich habe auch Angst, ich habe schreckliche Angst um Dich." Da schaute sie mich an und tröstete mich mit den Worten: „Mama, es wird nicht so schlimm werden." „Und wenn es so schlimm wird?" fragte ich zurück. Wieder ein kurzer Blick von ihr, dann sagte sie: „Dann werden wir es auch schaffen!" Ich erzählte ihr von der Kerze und dass ich sie nicht getraut habe anzuzünden. „Komm zünden wir sie an", meinte sie. Wir zündeten sie in dieser schlimmen Zeit oft an. Nun sprachen wir immer offen und ehrlich über die Situation und das war gut und richtig so.

Nachdem sich meine Tochter ein bisschen erholt hatte, lud ich meine Nachbarin zu einem Tagesausflug nach ihren Wünschen ein. Die Nachbarin wollte nach Maria Taferl, weil sie noch nie dort war. Also fuhren wir nach Maria Taferl. Auf dem Weg vom Auto zur Kirche fühlte ich etwas, das ich nicht beschreiben kann. Nach der Meditation schauten wir uns die Souvenirläden an, bei denen ich jedes Mal, wenn eine Kauffrau wie ein Marktweib ihre Waren anbietet, an Jesus denken muss, der die Händler aus dem Tempel hinauswarf.

Trotzdem kaufte ich etwas - eine Kerze mit dem Spruch von Dietrich Bonhöfer, der mich immer wieder tief berührt.

Von guten Mächten wunderbar geborgen,
erwarten wir getrost, was kommen mag.
Gott ist mit uns am Abend und am Morgen
und ganz gewiss an jedem neuen Tag.

In diesem Moment berührte mich der Text besonders, da ich einige Jahre vorher auch die Kerze mit der Pieta hier in Maria Taferl gekauft habe.

Weshalb die Trauer schmerzt

Wer von Ihnen hat noch keine Trauer durchlebt? Verursacht doch jede Trennung Abschied und Abschied löst mehr oder weniger Trauer aus. Das beginnt schon bei der Geburt. Wir erleben mit dem Durch-trennen der Nabelschnur den ersten Abschied in unserem Leben.

Man müsste daher annehmen, es ist ganz normal, dass man eine Zeit braucht, um den Abschiedsschmerz zu durchleben. Das ist meistens auch so, doch es gibt Situationen, in denen es nicht in gewohnter Weise abläuft.

Es gibt einige Gründe dafür:

Eine Blockade, das heißt, ein eigenes Erlebnis in der Vergangenheit, an das man sich vielleicht gar nicht mehr erinnert, oder energetisch von Generationen übernommen hat.

Die Sorge um das Wohlergehen nach dem Tod des Verstorbenen, den man liebte.

Einsamkeitsgefühl bzw. nicht allein wohnen oder leben können/wollen.

Angst davor, die Verantwortung, die bisher der Verstorbene getragen hat, zu übernehmen.

Schuldgefühle: Ich habe das Gefühl, mich schuldig gemacht zu haben. Ich habe mir zu wenig Zeit für den Verstorbenen genommen, oder ich war nicht feinfühlend, zärtlich, aufmerksam, fürsorglich genug. Hätte ich gewusst, dass er oder sie bald stirbt, hätte ich Das oder Jenes ganz anders gemacht, sind oft die Worte von den Personen, die mich um ein Trauergespräch ersuchen.

Ich bin der Meinung, dass ein Toter fühlt was im Leben abgelaufen ist. Dass es für einen Toten nicht mehr wichtig ist, ob der Angehörige diesen oder jenen Fehler gemacht hat, wenn all das Verhalten nicht aus Grausamkeit oder Lieblosigkeit verursacht wurde. Allein die Liebe zählt.

Gott hat uns das Leben auferlegt

Es liegt in der Natur des Menschen zu glauben, wir wurden geboren, um zu leben. Höre ich aber auf die sanfte Stimme Gottes die mir sagt, dass nicht das Leben der Sinn unseres Daseins ist, sondern das, was danach kommt, dann ist mir klar, warum es so wichtig ist, wie ich dieses Leben lebe oder gestalte.

Im Schöpfungsbericht steht, dass wir einmal Wesen waren ohne Ach und Weh. Gott hat uns mit dem Sündenfall nicht den Tod auferlegt, sondern das Leben - mit Kummer und Sorgen. Nun müssen wir unter Schmerzen die Kinder gebären und im Schweiße unseres Angesichts das Brot verdienen. In seiner Liebe zu uns Menschen, hat er uns aber die Liebe und die Freude dazugegeben.

Nicht zu vergessen - die Chance, durch unser hiesiges Leben die Herrlichkeit nach dem Tode wieder erfahren zu dürfen. Unser hiesiges Leben wertschätzend, sinn- und tugendvoll gestalten. Ich glaube, dann kommen wir wieder dorthin, wo es kein Ach und Weh gibt – ins Paradies.

Wenn ich gefragt werde, ob es „Ein Leben Danach" gibt, antworte ich jedes Mal: „Ich glaube, ich durfte die Schwelle des Lebens überschreiten und für einen Augenblick spüren, wie es danach sein wird. Nämlich ein Sein und kein Leben. Keine Wünsche, kein Verlangen, keinen Schmerz. Sogar die Freude fehlt. Doch gibt es den Zustand des Seins, eingebettet in unbeschreiblicher Geborgenheit und Schönheit."

In der Bibel steht auch, dass wir das Menschsein leben müssen, um wieder ins Paradies gelangen zu dürfen. Viele Menschen sind der Meinung, dass wir das in einem Leben gar nicht schaffen. Andere wiederum glauben, dass wir vom Licht der Sonne angezogen werden, um mit Energie aufgeladen und wieder ins Leben geschickt zu werden. Eines haben alle diese Menschen gemeinsam, den Glauben an ein „Danach", den Glauben an Gott!

Menschen, die an kein „Danach" glauben bedaure ich sehr, denn sie haben keine Hoffnung. Sie klammern sich an das Leben, der Tod ist für sie das Ende. Beim Schreiben wurde mir die Zweisinnigkeit des Wortes „Sein" bewusst. „Sein" als Existenz und „SEIN" als Ausdruck für Gott.

Schenke Zeit

Schon seit Jahren ist es für mich ein Geschenk, wenn sich jemand Zeit nimmt, um mit mir bei einer Tasse Kaffee oder Tee zu plaudern. Wenn ich nämlich in meinen Terminkalender blicke, sehe ich, wie kostbar die Zeit ist.

Vor einigen Jahren habe ich erlebt, wie meine Zeit zum Geschenk wurde. Meine Mutter lag nach einer Knieoperation im Krankenhaus Zwettl. Von Wien aus gesehen liegt Zwettl am Ende der Welt, daher wurde sie von den anderen Geschwistern und meinem Vater sehr wenig besucht. Als ich erfuhr, dass meine Mutter Heimweh hat, ließ ich meine Termine absagen, setzte mich ins Auto und fuhr nach Zwettl.

So eine wunderbare Zweisamkeit hatte ich mit meiner Mutter schon lange nicht erlebt. Als ich sie verließ, war ein Leuchten in ihren Augen. Ich kann mich nicht erinnern, diese Leuchten vorher schon einmal in ihren Augen gesehen zu haben. Ich war wöchentlich einen ganzen Tag bei ihr, auch in der Zeit, in der sie von Wien noch weiter weg auf Rehab war.

Wahre Werte

Es liegt schon einige Jahre zurück, als ich ein wunderbares Erlebnis mit dem Unterschied der Werte hatte.

Begonnen hat es erstmals traurig, denn meine Schwester rief mich an, um mit mir zu streiten und mich zu beleidigen. Ich stieg ihr aber darauf nicht ein. In ihrem Frust wollte sie mir sagen, wie reich sie mir gegenüber ist und meinte, sie hätte Millionen (damals schon Euro) auf der Bank. Gelassen antwortete ich darauf, dass meine Werte wo anders liegen - ich meinte damit nicht die finanziellen Werte.

Einige Tage darauf fuhr ich, wie jedes Jahr mit den Buswallfahrern der Pfarre nach Maria Zell. Als wir etwa eine Stunde unterwegs waren, wurde, wie jedes Jahr, der Rosenkranz gebetet. Rosenkranzbeten ist nicht meines, aber ich lasse mich gerne vom Rosenkranz in die Meditation führen, so auch dieses Mal.

Dabei war ich dem, was ich Gott nenne, unsagbar dankbar. Meine beiden Töchter hatten mir am Vorabend eine herzliche Liebeserklärung und ein Kompliment gemacht. Im Beruf und in der ehrenamtlichen Tätigkeit hatte ich Erlebnisse, die für mich wie Wunder waren. Dafür war ich unbeschreiblich dankbar und glücklich, weil mich Gott so reich beschenkt.

Da fiel mir plötzlich die Aussage meiner Schwester ein, sie hätte die Millionen auf der Bank und ich dachte: „Gott, du beschenkst mich so reich, dass ich reicher bin als es viele Millionen Euro machen könnten."

Plötzlich blieb der Bus stehen und der Chauffeur stieg aus. Die Fahrgäste drängten sich auf der mir gegenüberliegenden Seite zu den Fenstern. Ich möchte nicht drängeln, daher wartete ich, bis der Chauffeur wieder einstieg und folgendes erzählte:

Zwei Gendarmerie-Beamte standen mit einem Autofahrer, der Strafe zahlen musste am Straßenrand. Der Luftzug eines vorbeifahrenden Autos fegte dem Autofahrer das Geld aus der Hand. Das war aber nicht nur das Bußgeld oder Strafgeld, sondern es waren sehr viele große und kleine Scheine, die nun auf der Straße verstreut lagen.

Das passte doch wunderbar zu meinem Gebet oder Danksagung.

Den Himmel erfahren

Ich glaube, als ich 1988 bei einem Unfall einen Herzstillstand hatte und fühlte, dass mein Körper tot ist, habe ich durch das Loslassen, den „Himmel" erfahren!
Wäre ich verkrampft geblieben, wie ich es zu dieser Zeit im Alltag war und hätte nicht loslassen können - ev. „Hölle"?

Allerdings habe ich schon seit dem Unglück meines Kletterpartners, das war einige Jahre vorher, mit dem Tod vor Augen gelebt. Dadurch war meine Lebensweise liebevoll und friedliebend. Ich habe vermieden andere Menschen zu verletzen.

Als mir bewusst war, dass ich keinen Körper spürte und irgendwo oben war, legte ich das Schicksal meiner Kinder in Gottes Hände mit den Gedanken:
„Gott - ich weiß, dass du keine Hände hast, ich kann aber nur in Bildern denken. Ich lege (ICH LASSE LOS) das Schicksal meiner Kinder in deine Hände. Bitte LASSE DU nicht zu, dass ihnen ein schweres Leid geschieht."

Mit Ge - LASSEN - heit dachte ich die Worte: „Nun hab` ich euch doch im Stich gelassen."
Ich hatte ihnen immer versprochen bis zur bitteren Neige bei ihnen zu sein und sie nicht im Stich zu LASSEN.

121

Loslassen

Eine große Hilfe bei der Begleitung ist das „Loslassen". Viele Ärzte, Therapeuten und Krankenschwestern, auch Sterbebegleiter sagen zu ihren Patienten oder Klienten: „Sie müssen loslassen." Doch niemand erklärt, wie man loslassen kann.

Es gibt einige Praktiken, um loslassen zu können.

Was bedeutet „loslassen" eigentlich genau?

*Ich lasse einen geliebten Menschen los, damit er sein Leben nach seinem Sinn gestalten kann.

* Ich lasse einen geliebten Menschen los, damit er in die Herrlichkeit Gottes eingehen kann, ohne dass ich ihn verliere.

* Ich löse mich von meinen zerstörerischen und zwanghaften Eigenschaften.

* Ich akzeptiere, dass ich das Leben und andere nicht kontrollieren kann. Ich höre daher damit auf, Ergebnisse erzwingen zu wollen und tue das, was mir möglich ist: Mein eigenes Leben in Ordnung zu bringen.

* Ich beende sinnlose Bemühungen, andere zu Verhaltensweisen zu bringen, die ich richtig finde.

* Ich verabschiede mich von der Einstellung, dass Situationen sich in einer Weise und zu einer Zeit entwirren müssen, wie ich es gerne hätte.

Es geht nicht nur darum, dass wir etwas oder jemanden festhalten, weil wir sie nicht loslassen wollen.
Es geht auch darum, dass wir diese Sache oder Person brauchen, um uns daran festzuhalten. Wir selbst sind es, die Halt benötigen.

Wir wollen uns selbst an etwas oder an jemanden festhalten. Das kann leider auch eine Krankheit sein.

Voraussetzung zum Loslassen:
Zunächst ist es notwendig, dass wir selbst Halt finden - und zwar in uns selbst.
Das ist die grundlegende Voraussetzung dafür, dass wir anderes und vor allem andere Personen loslassen können.

Es bringt z. B. nichts, wenn eine Frau es schafft, ihren geliebten verstorbenen Mann loszulassen, indem sie sich an einen anderen klammert, um wieder Halt zu bekommen.

Auch nach einer Trennung oder Scheidung von einem Partner soll man sich nicht gleich in eine neue Partnerschaft stürzen. Es ist wichtig Abschied zu nehmen und Trauerarbeit zu leisten bzw. im Herzen die Trennung zu verarbeiten. Erst wenn das Herz frei ist, kann eine neue Beziehung Platz finden.
Dabei spielt es keine Rolle, von wem die Trennung herbeigeführt wurde. Niemand trennt sich ohne Grund von einem Partner. Auch nicht, wenn man sich wegen einem neuen Partner trennt, denn wäre die Beziehung in Ordnung, hätte man sich nicht in einen anderen Mann oder Frau verliebt. Der Schritt der Trennung, kann trotzdem schmerzhaft sein und sollte verarbeitet werden.

Was ich dir noch sagen wollte ...
(2002)

... so begannen einige Sätze von Edith bei meinem letzten
Besuch bei ihr. Als ich vom damals mir noch nicht bewussten,
letzten Besuch von Edith nach Hause kam, bestellte ich meiner
Tochter die Grüße von Edith und sagte: „Ich glaube Frau
Moravic wird bald sterben. Sie wollte mir einiges sagen, was
mir das Gefühl gibt, dass sie bald sterben wird." So war es auch.
Einige Tage nach meinem Besuch fiel sie plötzlich ins Koma.
Bald danach verstarb sie, ohne dass wir noch einmal
miteinander gesprochen hatten.

Wer von uns beiden fühlte, dass wir uns vorher noch einmal
sehen müssen, weiß ich nicht genau. Ich glaube aber, dass ich
der „Empfänger" war, wie man das so nennt. Warum?

Bei einer Meditation hatte ich die Eingebung, dass es für mich
erst einen Neubeginn geben kann, wenn ich an die
Vergangenheit nicht mehr „gebunden" bin. Ich dachte nach,
was gemeint sein könnte, dabei fiel mir ein, dass ich meinen
Ehe- und Vorsteckring noch in der Schmuckschatulle liegen
hatte. Für mich ist ein Ring ein äußeres Zeichen der
Verbundenheit. Die Goldscheideanstalt liegt in der Nähe von
Ediths Wohnung. Ich verband daher das Angenehme mit dem
Nützlichen und rief Edith an, dass ich sie am nächsten
Nachmittag besuchen werde.

Ich wollte auch den Erlös für die Ringe nicht behalten, also
kaufte ich um dieses Geld Blumen für Edith. Beim
Blumenhändler hatte ich noch eine unvergessliche
Unterhaltung mit dem Blumenhändler, seiner Verkäuferin und
einem Kunden. Mit dem schönen Blumenarrangement ging ich
zu Edith. Aus verschiedenen Gründen, die ich hier nicht
anführen möchte, glaube ich, es war kein Zufall. Es war eine
Verabschiedung für immer. Von Gott geleitet, vom Heiligen
Geist geführt. Ich bin sehr froh darüber, dass ich die
„Wahrnehmung wahr - genommen" habe. Ich hätte doch auch

erst einige Tage danach diese Idee des Besuches haben können. Da wäre es doch zu spät gewesen. Es war der richtige Zeitpunkt. Auch das Gespräch war dementsprechend.

Der Anruf der Nachbarin, die mir den Tod von Edith mitteilte und unser Gespräch, das wir hatten, war für mich so, wie: „Lazarus komm heraus!" Wir hatten Edith noch einmal zum Leben erweckt und ich glaube, es tat uns beiden gut. Nach dem Telefonat zog ich mich zurück und ließ der Trauer freien Lauf. Ich durchlebte die zwanzig Jahre, die ich Edith kannte, noch einmal.

Edith hatte keine Kinder. Ihr Freundeskreis war klein. Solange ihr Mann Josef lebte, war sie sehr couragiert. Der Tod ihres Mannes, der aus seinem letzten Mittagsschlaf nicht mehr aufwachte, brachte sie ein bisschen aus dem Konzept. Seither besuchte ich sie regelmäßig. Anfangs noch sehr oft, als sie sich an das „Alleinsein" gewöhnt hatte, weniger. Wer sich erinnern kann, sie war die Frau vor einigen Jahren, die mir bei einem Gespräch vor laufender Fernsehkamera zu weinen anfing. Zuerst wusste ich nicht, wie ich vor der Kamera reagieren sollte. Doch nach den ersten Schrecksekunden, dachte ich, es macht keinen Unterschied, ob Kamera oder nicht.

Beim letzten Besuch besprach ich noch einmal mit Edith, ob es nicht doch besser für sie wäre, sie würde in ein Heim gehen. Ihre Erklärungen dagegen waren aber für mich verständlich.

Bei der Verabschiedung sagte ich zu ihr: „Dass ich für dich da bin, wenn du mich rufst, weißt du!?" „Ja, das weiß ich", war ihre Antwort. Ich hatte dabei ein sehr seltsames Gefühl, so, als ob ich mich auch mit: „Was ich dir noch sagen wollte", verabschieden sollte.

Allerheiligen

Auch Allerheiligen hat mit Liebe zu tun. Vielleicht gehen manche Menschen aus Pflichtgefühl zu Allerheiligen auf den Friedhof, aber ich glaube, die meisten tun es aus Liebe zu den Verstorbenen. Bei unserer Gesprächsrunde: „10 Ratschläge eines Sterbenden" haben wir uns auch über den Sinn des Grabbesuches, der Seelenmesse und des Gebetes auseinandergesetzt. Wir waren verschiedener Meinung, ob wir damit den Verstorbenen nützen oder uns selbst. Jede der Meinungen ist für mich vorstellbar, obwohl sich manche widersprechen.

Ein zurzeit sehr aktiver Theologe, dessen Namen ich nicht nennen möchte, hat mit seiner Meinung bei einem Menschen große Enttäuschung und Verwirrung verursacht. Es ist ca. zwei Jahre her, als mich ein Mann aus unserer Pfarre um ein Gespräch bat. Er erzählte mir, dass er sich einen Vortrag mit obigem Theologen angehört hat. Dieser Theologe sagte Grabbesuche, Seelenmessen und Gebete, sind für die Verstorbenen nutzlos. Sie helfen nur uns, aber nicht den Verstorbenen. Ich glaube dieser Theologe hat bis zu einem gewissen Grad Recht. Beobachten wir uns doch selbst.

Für mich ist ein Friedhof ein Stück Heimat. Ein Platz des Friedens, der Geborgenheit, der Ruhe. Gebet oder Meditation am Grab hat für mich eine andere Qualität wie allein zu Hause oder in der Gemeinschaft, wie z.B. beim Gottesdienst etc. Ob sie es nun glauben oder nicht, wo immer ich wohnte, fühlte ich mich erst zu Hause, wenn jemand, den ich gerne hatte, verstorben war und ich dadurch am Friedhof einen Platz hatte, wo ich stellvertretend für alle meine Verstorbenen am Grab stehen durfte. So war es auch da, wo ich jetzt wohne. Ich fühle mich erst, seit ein mir nahestehender Mensch auf dem Friedhof der Pfarre begraben wurde, hierhergehörend. Dieser Verstorbene hatte mich öfter besucht, weil wir aus einem Ort kommen und seine Familie ihn nicht ernst genommen hat, ich ihm aber zuhörte und Trost vermitteln konnte. Genau zwei

Wochen, bevor er starb, rief er mich an und „verabschiedete" sich von mir. Wir wussten beide zu diesem Zeitpunkt nicht, dass er vierzehn Tage danach tot sein wird. Er verstarb an Herzversagen. Ich besuchte anfangs öfter sein Grab. Nach durchlebter Trauer nur zu besonderen Anlässen, wie zum Beispiel Allerheiligen. Da seine Familie an diesem Tag immer in unserem Heimatort am Friedhof ist, kann ich dieses Grab noch besser als „das Grab meiner Verstorbenen" betrachten. Lange nach dem Tod dieses Bekannten stand ich betend am Grab und merkte auf einmal, wie mir die Tränen über das Gesicht rannen. Das Grab liegt am Rande des Friedhofes und ich blicke immer über das Grab in den Himmel, weil für mich die Seelen der Verstorbenen in der Weite des Firmaments schweben. Als ich in mich fühlte, warum mir die Tränen über das Gesicht kollern, wurde mir bewusst, ich war traurig, weil ich dort sein wollte, wo „der Verstorbene" jetzt schon ist.

In unserer Pfarre wird am Allerseelenabend ein Requiem für die im letzten Jahr verstorbenen der Pfarre gefeiert. Die Verstorbenen werden namentlich vorgelesen. Vor einigen Jahren hat sich der Pfarrer das erste Mal verständlich ausgedrückt, dass unsere Verstorbenen, die wir liebten, wenn sie nicht in unserer Pfarrgemeinde wohnten, ausgeschlossen waren. Ich finde das sehr schade, weil mir in den letzten fünfzehn Jahren einige Menschen, die ich sehr lieb` hatte, weit weg von hier begraben wurden. Die Verlesung ihrer Namen in der Gemeinschaft waren für mich jedoch eine große Hilfe zur Trauerbewältigung. Mir war es nicht möglich z.B. nach Syrien zu fahren, um Abschied zu nehmen. Ich glaube, die Gefühle kennen keine Grenzen, doch ein persönliches Abschiednehmen ermöglicht eine leichtere Trauerbewältigung. Ich habe nachgedacht, wenn in unserer Pfarre mehr Menschen so denken würden wie ich, wären es vielleicht jährlich zehn Namen mehr, die zusätzlich zu den „Ansässigen" der Pfarre gelesen werden würden. Für mich war das auch ein Ersatz für das „Begräbnis", bei dem ich nicht dabei sein konnte.

Ich habe das Gefühl, Gott ist besser gedient, wenn einige Namen mehr aufgezählt werden. Das sind einige Minuten mehr Zeit, in der viel Liebe fließt. Nachdem Gott die Liebe ist, ist es für mich sonnenklar, was IHM dienlich ist.

Der Tod ist die Krone des Lebens, deshalb sollte auch der Umgang mit Sterben und Tod entsprechend gelebt werden.

Ob ich den Verstorbenen zu ihrer Seligkeit verhelfen oder zumindest dazu beitragen konnte, weiß ich wahrscheinlich erst, wenn ich dort bin, was wir Christen „Himmel" nennen.

Der Bub

Mein Vater war im Krieg Unteroffizier bei der Sanität, dadurch hatte er gute Kenntnisse von „Erster Hilfe". In unserem Wohnort gab es keinen Arzt, daher versorgte er oft bei Verletzungen die Leute bis zum Eintreffen des Arztes aus dem Nachbarort.

Eines Nachts, es war gegen Mitternacht und meine Eltern waren schon im Bett, klopfte es am Fenster. Ich öffnete, ein Mann aus unserem Dorf war draußen und bat mich, schnell den Arzt zu rufen. Wir hatten zu dieser Zeit das einzige Telefon im Ort. „Unser Bub ist erstickt" sagte er nur und war schon wieder weg. Sofort rief ich den Arzt im Nachbarort an. Der machte sich gleich auf den Weg. Unser Bub, wie der Mann sagte, war ein zehn Monate altes Baby. Nach zwei Mädchen, der ersehnte Junge. Eines der beiden Mädchen war eine Freundin meines kleinen Bruders. Sie hatte oft ihr jüngeres Brüderchen mitgebracht. Nachdem es für mich immer schon das Schönste was es gibt, die Kinder waren, hatte ich große Freude mit dem kleinen Kerl.

Nach dem Telefonat lief ich sofort zu meinem Vater ins Schlafzimmer, Hemd und Hose nahm ich gleich mit. „Bitte Papa komm schnell, der kleine Bub der N....'s ist erstickt, du musst ihnen helfen." Bis mein Vater angezogen war, hatte ich schon die „Verbandslade" geholt und er lief gleich los. Er sprang aus dem Fenster, das ich ihm inzwischen geöffnet hatte, um durch die Tür keinen Umweg zu machen. Nur einige Häuser von uns entfernt wohnte jene Familie. Die Wiederbelebungsversuche meines Vaters konnten das Kind nicht mehr retten. Bis der Arzt da war, gab mein Vater nicht auf. Der Arzt musste den Tod des Kindes feststellen und konnte nur mehr die Eltern versorgen. Die Mutter des kleinen Jungen hatte einen Nervenzusammenbruch erlitten.

Der Tod des Kindes, das ich sehr liebgewonnen hatte, war für mich mit meinen damals siebzehn Jahren, eine meiner schrecklichsten Erlebnisse bis heute. Ein Kind zu verlieren, ist meiner Meinung nach, das Schlimmste, das einer Mutter, aber sicher auch für einen guten Vater, geschehen kann. Dabei stellte sich bei der Obduktion des verstorbenen Kindes heraus, dass niemand diesen Erstickungstod hätte verhindern können. Es handelte sich um eine nicht sichtbare Kinderkrankheit. Beim Begräbnis war ich sehr traurig und unglücklich. Irgendetwas an diesem Ereignis, hat mich mit diesem betroffenen Ehepaar verbunden. War vorher schon ein Wohlwollen vorhanden, seither ist es aber für mich ein tiefes Gefühl der Verbundenheit.

Als ich später selbst kleine Kinder hatte, hatte ich immer Angst, sie könnten ersticken. Oft stand ich nachts auf, um zu horchen, ob sie noch atmen. Alles hatte ich immer befestigt, damit sie frei atmen konnten und nichts passieren konnte.

Machte ich etwas falsch bei der Erziehung?

Alle Menschen, im Besonderen aber solche, die für andere Menschen „offen sein" müssen oder wollen, müssen mit der eigenen Psyche sorgfältig umgehen, sonst werden sie selbst krank. Dies gilt auch für Eltern, welche sich von ihren bzw. einem ihrer Kinder verletzt fühlen. Oder das Gefühl haben, an der Erziehung etwas falsch gemacht zu haben. Mir ist das in den letzten Jahren aufgefallen, weil ich Müttern begegnet bin, die Probleme mit den Kindern hatten. Durch Zufall hat sich bei einigen Trauergesprächen herausgestellt, dass nicht so sehr der Verlust eines Familienangehörigen die Ursache der Depressionen war, sondern der unglückliche Umgang mit den Kindern. Daher möchte ich hier auf dieses Thema eingehen.

Wenn ein Jugendlicher ein Verbrechen begeht, hört man immer wieder, dass er falsch erzogen wurde. Dabei frage ich mich, was ist falsch. Falsch erziehen, heißt Fehler bei der Erziehung zu machen. Für mich ist ein Fehler, wenn ich weiß, welche Folgen die Handlung oder Behandlung hat. Das wissen wir aber im Vorhinein nicht. Ich kann zehn Kinder haben, jedes wird andere Charakter-Eigenschaften haben. Als Elternteil ist man wahrscheinlich bemüht, diese bei der Erziehung zu berücksichtigen. Doch ich habe die Erfahrung gemacht, dass es uns Eltern oft nicht bewusst ist. Wir handeln oft danach, wie es für unsere eigene Erziehung richtig war oder gewesen wäre. So, wie sehr oft Geschenke nach den eigenen Wünschen ausfallen und nicht, was der Beschenkte gerne hätte. Bei manchen Gelegenheiten kann man danach fragen. Aber es ist schwer, die Wünsche des anderen zu kennen.

Noch schwerer ist es, bei einem Kind zu wissen, wie ich mit ihm umzugehen habe, damit es ein glücklicher und zufriedener Erwachsener werden kann. Ist das uns Eltern nicht bewusst, so wissen die Kinder das ja selbst erst recht nicht oder können sich nicht ausdrücken.

Mir ist das bei meiner älteren Tochter so ergangen als sie in der Pubertät war. Meine Tochter war damals ein sehr verschwiegenes Kind und ich kam nicht damit klar, was in ihr vorging. Ich habe viele Möglichkeiten ausprobiert bis ich zwei Mal zugeschlagen habe in der Hoffnung, vielleicht ändert der körperliche Schmerz etwas in ihr. Als ich beim dritten Mal die Hand erhoben hatte, faltete sie die Hände, sah mich mit einem flehenden Blick an und sagte: „Bitte Mama, hab` Geduld mit mir." Das war für mich der Punkt, wo ich zu begreifen anfing. Mir wurde bewusst, dieses Kind lügt und stiehlt nicht, weil es böse ist, sondern es gibt ganz andere Gründe dafür. Heute habe ich das beste Verhältnis mit ihr, das es zwischen Mutter und Tochter geben kann. Sie hat inzwischen in der Erwachsenenbildung und Abendschule vieles nachgeholt, um - wie sie es als Kind immer aussprach, wenn sie gefragt wurde, was sie einmal werden wollte - eine Steuerberaterin, wie meine Mama zu werden.

Bei meiner um zehn Jahre jüngeren Tochter war es anders. Sie war offener mir gegenüber, aber auch verletzbarer als die Ältere. Wenn ich die Ältere als Schulkind fragte, ob ich ihr beim Lernen helfen soll, erklärte sie mir immer, es sei alles in Ordnung mit der Schule. Dann folgte aber jedes Jahr die große Enttäuschung. Die Jüngere dagegen bat mich oft, ihr zu helfen. Als sie im Gymnasium anfing wollte sie, dass ich mit ihr lerne. Als ich spürte, dass sie mich nicht mehr bei den Hausaufgaben braucht, sagte ich ihr das und sie antwortete: „Wenn du nur neben mir sitzt, geht es schon leichter." Also saß ich eine Zeitlang neben ihr, wenn sie lernte.

Was tun wir nun, wenn die Kinder erwachsen geworden sind und es Probleme mit ihnen oder durch sie gibt.

Ich würde, wenn dazu noch die Möglichkeit ist, mich in Ruhe und Würde mit dem betreffenden Kind zusammensetzen und sprechen.

Dazu will ich nochmals ein Beispiel mit meiner älteren Tochter erzählen. Wir arbeiteten schon ca. 10 Jahre miteinander und hatten in dieser Zeit 2 oder 3 Mal Streit. Dann gab sie mir bei einer Meinungsverschiedenheit zur Antwort: „Ich streite mich doch mit dir nicht herum", ging aus meinem Raum in ihren und arbeitete weiter. Ich war entsetzt über die Antwort und den dazugehörigen Ton. Ich ging zur Tür, welche beide Räume trennte und sagte mit ruhiger Stimme, dass ich glaube, mir das nicht verdient zu haben. Jetzt ist es an der Zeit, dass wir uns trennen. Sie könne sich einige Firmen mitnehmen, damit sie ihr Einkommen gesichert hätte. Wahrscheinlich wurde ihr bewusst, wie ungebührlich sie sich verhalten hatte und entschuldigte sich.

Am Abend setzte ich mich bei der Meditation damit auseinander, wurde innerlich dabei ruhig und wusste auf einmal, was ich zu tun hatte. Am Morgen beim gemeinsamen Frühstück im Büro, das seit sie in ihrer eigenen Wohnung wohnt zu einem Ritual wurde, sprach ich mit ihr über den Vorfall am Vortag.

Ich ersuchte sie nachzudenken, ob ich je in ihrem Leben, in diesem entwürdigenden Ton mit ihr gesprochen habe. Dann sagte ich: „Das habe ich nie und ich möchte nicht, dass du mit mir so sprichst. Wenn du jetzt, wo noch ich das Sagen habe, mit mir so umgehst, wie wird das dann, wenn ich mich vielleicht nicht mehr verteidigen kann. Außerdem weiß ich, dass du mit niemandem so verachtend umgehen willst." Sie bejahte dieses und war ganz offen für das Gespräch, in dessen Verlauf ich sie darauf hingewiesen habe, es könnte der Umgangston einer Studienkollegin sein, der auf sie abfärbt. Deshalb machte ich sie darauf aufmerksam: „Bitte beobachte dich und lasse diesen Umgang nicht in dir fußfassen." Ich hatte das Gefühl, meine Tochter war dankbar für dieses Gespräch.

Beim Frühstück am nächsten Morgen war sie diejenige, die mir erklärte, weshalb wir überhaupt ins Streiten kamen. Es war uns zurzeit beiden zu viel. Beide hatten wir private Probleme. Dann kam noch hinzu, dass wir ein neues Programm wegen dem

Euro kauften. Weil der alte PC lt. Fachmann zu schwach war, kauften wir auch diesen mit allem Drum und Dran dazu. Wir hatten schon alle möglichen Techniker da, den Rechner verstärkt und er stürzte trotzdem immer wieder während dem Arbeiten ab. Wir hatten beide keine Kraft mehr um kultiviert miteinander zu diskutieren. Wenn eine von uns beiden die Kraft verliert, ist es immer die andere, die dafür sorgt, dass wir besonders gut mit uns umgehen, das war uns aber bei diesem Streit nicht möglich, weil wir beide am Ende waren. Inzwischen sind wieder einige Jahre vergangen und wir hatten seither auch keinen Streit. Insgesamt haben wir zwanzig bzw. fünfundzwanzig Jahre miteinander gearbeitet.

Es ist mir schon klar, dass es nicht für alle Menschen oder in jedem Fall so abläuft. Ich möchte nur darauf hinweisen, dass es für jeden Menschen verschiedene Möglichkeiten gibt, miteinander umzugehen. Wenn es bei meiner Tochter einen anderen Menschen gegeben hätte, welcher sie gegen mich aufgewiegelt hätte, sehe die Sache ganz anders aus. Da würde ich aber auf keinen Fall mit ihr arbeiten. Nachdem ich in jüngeren Jahren BuchhalterInnen ausgebildet habe, habe ich auf den Wunsch von meiner älteren Tochter auch sie von der Pike auf in den Beruf eingeführt. Sie musste wohl auch das Wifi und die Maturaschule besuchen, etc.

Wenn es aber, wie oben erwähnt, keine Möglichkeit für eine menschenwürdige Auseinandersetzung gibt, sollten wir beginnen unsere Lebensgestaltung in eine andere Richtung zu führen. Ich glaube, alle die diesen Artikel lesen, haben sich bemüht aus den Kindern rechtschaffene, höfliche Menschen zu machen. Wenn das fehlgeschlagen ist, sollten wir nicht unbedingt die Schuld bei uns selbst suchen. Es gibt einige andere Gründe, z.B. der Einfluss von anderen Menschen oder Gruppen oder ganz einfach und das ist keine Ausrede, die Gene. Wenn die Vererbung der Grund ist und der betreffende Mensch nicht willens ist seine Eigenschaften zu verändern oder sich diese abzugewöhnen, können wir Eltern uns auf den Kopf stellen und werden nichts dabei erreichen können.

Da habe ich wieder ein Beispiel mit meiner älteren Tochter bei der Hand. Ihr leiblicher Vater log bei jedem zweiten Satz. Bei wichtigen Angelegenheiten, aber auch bei sinnlosen Dingen. Meine ältere Tochter war 5 Jahre alt, als ich mich von ihm trennte, und wusste von dessen Lügerei nichts. Ich aber hatte schreckliche Angst, dass sie so verlogen wie ihr Vater werden würde. Ihr Lügen hörte dann auf, als sie sah, dass ihre um 10 Jahre jüngere, im Gegensatz zu ihr wahrheitsfanatische Schwester nicht bestraft wurde, wenn sie etwas anstellte, was bei der Jüngeren sowieso ganz, ganz selten vorkam.

Als mich die Ältere einmal darauf ansprach fragte ich sie, warum ich die Kleine strafen sollte. Sie hat es doch nicht mit Absicht getan, sonst hätte sie sich nicht dafür entschuldigt. Warum sollte ich jemanden, der sich für etwas entschuldigt, bestrafen? Vor ca. 15 Jahren sagte meine ältere Tochter zu mir: „Ich verstehe nicht, warum ich einmal vor dir Angst hatte." Es war das schönste Kompliment, das sie mir machen konnte.

Wieder muss ich darauf zurückkommen, was tun, wenn es nicht mehr geht.

Meditieren, Beten, Danken, Annehmen, Bitten, LIEBEN

Meditieren: sich öffnen für Eingebungen.

Beten: mit Gott auseinandersetzen, wie und was für diesen Gott richtig ist.

Danken: für die schöne Zeit, welche Gott mir mit diesem Kind geschenkt hat, und dass mir Gott dieses Kind überhaupt geschenkt hat.

Annehmen: vielleicht will mich Gott mit diesem momentanen Zustand, welcher sich immer noch zu einem guten wenden kann, lehren. Also muss ich nachdenken und nachfühlen (in mich hineinhören) was es ist, was Gott mir zeigen will.

Bitten: um die Kraft zur Durchführung und Ausführung von guten Gedanken und Ideen.

LIEBEN:
Gott, ich kann sie/ihn nicht mehr lieben, liebe du sie/ihn umso mehr. Ich glaube, damit sendet man sehr viel Liebesenergie und nach meinen eigenen Erfahrungen, hilft man sich dabei auch selbst.

Wenn sie ein Problem mit ihren Kindern haben, spreche ich gerne mit Ihnen darüber. Wir können bewusst gemeinsam dieses Problem betrachten bzw. bearbeiten und nicht pauschal, wie ich das hier getan habe.

Du erntest, was du säst

1/05

Kürzlich bekam ich wieder einmal einen Kettenbrief, der so endete: „Wenn du zu beschäftigt bist, die paar Minuten zu opfern, um diese Nachricht weiterzuleiten, ist dies vielleicht das erste Mal, dass du nichts getan hast, um einem Menschen eine Freude zu machen. Denke daran, Du erntest, was du säst. Was man in die Leben anderer einbringt, kommt auch ins eigene Leben zurück!" Als ich das gelesen hatte, fiel mir etwas ein. Seit vielen Jahren habe ich mir angewöhnt, jemanden zu sagen, dass ich ihn (den Menschen) mag oder dass ich mich freue, dass es ihn gibt. Aber ich mache auch Komplimente, worüber sich andere freuen. Voriges Jahr hatte ich dadurch ein wunderbares Erlebnis.

Jedes Jahr zum Muttertag bedanke ich mich mit einem Schreiben bei jeder meiner beiden Töchter. Für jede schreibe ich das für sie Passende und bedanke mich, dass sie so wunderbare Töchter sind.

Meine ältere Tochter hatte ihr Schreiben voriges Jahr im Vorzimmer auf der Pinnwand aufgehängt. Als ich einige Wochen nach dem Muttertag zu ihr in die Wohnung kam, hatte ich inzwischen vergessen, was ich ihr geschrieben habe und dass ich ein blaues Papier verwendete. Das blaue Papier an der Pinnwand fiel mir ins Auge und ich las, was da geschrieben stand. Tränen rannen mir beim Lesen über das Gesicht, so gerührt war ich über meine eigenen Worte an meine Tochter. Soviel zu: „Du erntest, was du säst. Was man in das Leben anderer einbringt, kommt ins eigene Leben zurück!"

2020

Heuer, einige Tage vorm Muttertag, sortierte ich alte Sachen. Darunter waren Billetts, die ich als meine Töchter noch bei mir wohnten, ihnen zum Muttertag geschrieben habe. Es war für mich wie ein Fingerzeig Gottes. Ich steckte jedes Billetts in ein größeres Kuvert und schrieb, dass das auch für heuer gilt. Die beiden haben sich über die Erinnerungsstücke sehr gefreut.

Es tut mir so leid, dass ich ihm nicht helfen kann

Vorgeschichte:
Ich habe zu einer Familie eine sehr herzliche Beziehung. Besonders aber mit dem Mann. Durch seine gottbezogene Lebensführung und gemeinsame Erlebnisse betrachte ich ihn als Freund. Er rief mich eines Tages an, um mit mir zu reden, weil es ihm sehr schlecht ging. Am Ende des Telefonats verabredeten wir uns für einige Tage danach zu einem persönlichen Gespräch. Im letzten Moment sagte er aber dann den vereinbarten Termin ab, da ihm die Kraft für ein Gespräch fehlte. Einige Tage danach rief ich bei ihm zu Hause an und am darauffolgenden Tag schrieb ich ihm folgenden Brief:

Lieber A!
Gestern habe ich bei Euch angerufen und mit Deiner Frau gesprochen. Sie hat mir gesagt, Dir geht es noch immer nicht gut. Daher war es mir ein Bedürfnis Dich bei meiner heutigen Morgenmeditation einzuschließen. Ich habe Gott gebeten mir zu zeigen, was ich Dir vermitteln kann. Als Antwort bekam ich den Satz, den Du A. bei unserem letzten Telefonat ausgesprochen hast:
„Es tut mir so leid, dass ich ihm (Deinem Sohn) nicht (mehr) helfen kann." Ich glaube, Gott will Dir sagen, dass nichts geschieht ohne, dass ein Sinn dahinterstecken würde. Wenn Du nun leidest, weil Du Deinem Sohn nicht helfen kannst, machst du gleich zwei Fehler auf einmal.

1. Du leidest darunter und das kostet wahn-sinn-ig viel Kraft. Daher bist Du jetzt kraftlos.

2. Du hast zu wenig Gott-Vertrauen. Bete zu Gott: „Ich lege das Schicksal meines Kindes in DEINE Hände. Zeige DU ihm seinen Weg, wie er DIR gefällt."

Wenn Du Dir diesen Satz verinnerlichst, wirst Du loslassen können und hast nicht mehr eine so schwere Last zu tragen. Womit wir schon wieder dabei sind, wenn Du lange Zeit schwer trägst, musst Du kraftlos und müde werden, deinem Sohn ist aber damit nicht geholfen. Deinem Sohn wird Gott helfen, wenn Du IHN darum bittest. Nicht mein, sondern DEIN Wille geschehe. Du solltest nur Gottes Willen annehmen lernen, auch wenn Du gerne etwas anders hättest, als Gott es will.

Außerdem kannst Du Deinem Sohn viel mehr helfen, wenn Du ihm Liebesenergie sendest. Wenn ich das tue, setze oder stelle ich mich so, dass mein Herz in die Richtung des oder der betreffenden Menschen gerichtet ist. Vor vielen Jahren machte ich den Fehler, dass ich Gott bat von meiner Kraft zu geben, bis ich selbst nicht mehr konnte. Heute weiß ich, dass ich um Gottes Kraft bitten muss, diese durch mich fließen lasse, bis sie die oder den Menschen erreicht. Ich erfahre damit immer wieder Wunder, welche dadurch geschehen. Die Bitten müssen nur selbst-los sein, sonst funktioniert es nicht. Glaube es mir, ich beobachte das seit vielen, vielen Jahren an mir.

Ich habe das Gefühl, Dein Sohn ist äußerst sensibel, er wird ganz sicher fühlen, wenn Du ihm Liebesenergie sendest. Sie wird ihn frei machen, auch von den Zwängen Dir gegenüber. A., ich glaube Du brauchst rote Farbe. Rot gibt Kraft und Power. Zum Beispiel: rote Kerzen anzünden, rote Blumen betrachten, etc. Deine Frau hilft Dir sicher dabei. Gott segne Dich, Deine Frau und Deine Kinder! Darum bitte ich IHN.

Nachgeschichte:
Diesen Brief mailte ich ihm. Zufällig, ohne dieses E-Mail gelesen zu haben, rief er zirka zehn Minuten später an, weil ihm seine Frau sagte, dass er noch am gleichen Tag (es war Sonntag) zu mir kommen kann. Eine halbe Stunde später saßen wir uns schon gegenüber.

Wir spürten beide die Wirkung des Hl. Geistes. Auf viele seiner Fragen hatte ich eine für ihn annehmbare und durchführbare Erklärung. Es war eine wunderbare Ergänzung seiner eigenen Gedanken und Gefühle.

Ihr seid das Licht der Welt
Dieser Satz in der Zeitschrift von „Ja zum Leben" war es, der mir bewusst machte, dass wir uns von der „Arbeitsgemeinschaft Haus des Friedens" mit dem ungeborenen Leben auseinandersetzen müssten.

Ich will weder be- noch verurteilen, weil jeder für sich selbst Rechenschaft ablegen muss. Das kann niemand für uns tun. Weder ein Priester, Bischof, Papst oder ein anderer Mensch. Ich will nur bewusst machen, dass meiner Meinung nach, auch ungeborene Kinder, Kinder Gottes sind. Daher ist eine Abtreibung in meinen Augen, Tötung! Ich sage nicht Mord, da Mord für mich mit zugefügten Schmerzen zu tun hat und ich glaube, dass ein ungeborenes Baby einen Schmerz noch nicht „bewusst" empfinden kann.

Achtung vor dem Leben, ist einer meiner Leitsätze. Das gilt auch für das ungeborene Leben. Gott hat uns den freien Willen gegeben, dazu gehört, dass wir mit unserem Wissen und Können verantwortungsvoll umgehen. Es gibt so viele Möglichkeiten ein Leben nicht entstehen zu lassen, dass es ein noch größeres Vergehen ist, Fleisch und Blut abzutöten. Sollte es jedoch trotz gewissenhaftem Umgang mit Gefühlen und Verlangen „passieren", gibt es immer noch die Möglichkeit der Adoption. Die Verantwortung für das Leben eines Menschen entsteht nicht erst bei der Frage, ob abtreiben oder nicht, sondern schon beim Befruchten oder nicht. Aus eigener Erfahrung weiß ich, dass man nicht sagen sollte, beim „Empfangen" oder nicht. Im Alter ist mir erst bewusst geworden, wie wertvoll das aus Liebe und Zärtlichkeit entstehende Eins werden ist.
Dass wir in der jetzigen Zeit so viel Verantwortungs-bewusstsein haben, die Erde nicht zu überbevölkern, damit unsere Enkel, in weiterer Folge Ururenkel usw. auch noch Lebensqualität oder gesunde Lebensmöglichkeiten haben, ermächtigt uns nicht, Leben zu zerstören.

Aus Gesprächen mit Menschen, die eine Abtreibung durchführen ließen und solchen, die eine Abtreibung empfohlen oder befohlen haben, habe ich erfahren, dass es meistens der Egoismus ist, warum ein Kind abgetrieben wird.

Wie so oft kann ich ein Beispiel aus meinem eigenen Leben anführen. Meine Mutter war sechsunddreißig Jahre alt, als sie das vierte Kind bekam. Alle anderen Gewerbetreibenden im Ort hatten nur ein Kind und jeder, der mehr als zwei hatte, wurde als minderwertig angesehen. Das war der Grund, weshalb meine Eltern zur Abtreibung nach Wien fuhren. Während der Zeit im Wartezimmer überlegten sie noch einmal und fassten den Entschluss, nicht abtreiben zu lassen. Sie sagten zueinander: „Wir konnten drei Kinder ernähren, wir werden es auch mit vier schaffen" (obwohl es damals keine Kinderbeihilfe oder Ähnliches gab). Sie gingen vom Arzt weg und fuhren nach Hause.

Ich freue mich noch genauso darüber, als ich mich damals darüber freute. Denn, als ich erfuhr, dass wir ein Baby bekommen, sah ich jeden Tag, wenn ich von der Schule nach Hause kam, voll Erwartung beim Seitenfenster hinein, ob meine Mutter schon im Krankenhaus zur Entbindung sei oder noch zu Hause.
Bei meinem ersten Kind ging es mir genauso, dass ich oft dachte, vor Sehnsucht müsste ich doch schon ein Kind bekommen. 7 Jahre habe ich auf dieses Kind gewartet. Als ich dann schwanger war, meinte meine Schwester, es sei nicht die richtige Zeit dafür. Doch für mich war immer die richtige Zeit für ein Kind. Bei meiner jüngeren Tochter habe ich mich schon tausendmal entschuldigt, dass sie von mir nicht gewünscht war. Aber sobald ich wusste, dass ich schwanger bin, habe ich JA zu Gottes Willen gesagt. Wie wertvoll diese Entscheidung war, wissen alle, die meine Kinder und mich kennen.

Folgendes möchte ich damit sagen: Auch wenn wir oft das Gefühl haben, dass es nicht richtig ist, ein unerwünschtes Baby zur Welt zu bringen, kann es genau dieses Kind sein, das dem Willen Gottes entsprungen ist. Dass dieses „ungewollte Kind" ein Segen für uns selbst oder andere Menschen ist.

Als Christin denke ich doch sofort auch an Jesus. Er war ein ungewolltes Kind, was jedoch von den Religionsmachthabern mit der Jungfräulichkeit von Maria aus dem Weg geräumt wird. Dabei ist genau das vorbildlich für mich, dass Maria JA zum unerwünschten Kind sagte. Dieses JA zu einem ungewollten Kind wurde zum Segen für den Großteil der Menschen auf der ganzen Welt. Dieses Kind, mit dem Maria aus uns unbekannten Gründen schwanger wurde (höchstwahrscheinlich aus dem Grunde, weil sie mit einem Mann Verkehr hatte, ob durch Hingabe oder Vergewaltigung ist dabei nicht wichtig), war von Gott ausersehen Hoffnung und Licht in die Welt zu bringen. Für mich ist nicht das wunderbare, dass Maria angeblich Jungfrau blieb, sondern dass sie JA zu diesem Kind, das heißt zu Gottes Willen, sagte. Und das Wort ist Fleisch geworden, heißt für mich, Maria hat das Kind geboren und nicht abgetrieben. Diese Möglichkeit bestand damals sicher auch. Geheim selbstverständlich und nicht offiziell wie heute.

Jeder, der ein Kind abtreibt oder abtreiben lässt, bzw. anordnet, weiß nicht was aus diesem Menschen geworden wäre und welche Hilfe es für diesen Jeden noch einmal sein hätte können.

In dem Blatt von „Ja zum Leben" sollte ein Kind, das nicht ganz gesund werden würde, abgetrieben werden. Gebete haben geholfen, damit dieses Kind leben darf.

Meine Meinung ist, dass es oft behinderte oder kranke Menschen sind, die uns die Liebe lehren. Wenn wir alle ungeborenen Kinder töten würden, welche nicht ganz gesund sind, wie lieblos würde die Menschheit werden. Durch Gespräche mit Eltern und Großeltern, weiß ich allerdings, wie schwer es oft mit behinderten oder kranken Kindern ist. Da habe ich keine Illusionen. Doch ich weiß auch aus Erfahrung, dass oft das Schwere Wunderbares bewirken kann. Ich wiederhole, ich will mich nicht zur Richterin machen, sondern darauf hinweisen, sollten Sie in die Situation kommen, wo Sie entscheiden oder mitentscheiden müssten, ob abtreiben oder nicht, nicht nur auf die Stimme des Egoismus zu hören, sondern Gottes Stimme wahrzunehmen. Ich bin überzeugt, dass sich ein begehbarer Weg weist.

Ich bete, dass Gott uns die Weisheit gibt, mit SEINEM Leben - wir alle, auch die Ungeborenen sind SEIN Leben - behutsam umzugehen.

Für ungewollt schwangere Frauen biete ich kostenlose Ablöse an. Damit werden sich ihre Wahrnehmungen und Gefühle für das Ungeborene und für sich selbst ändern. Es ist sogar möglich, dass sich Freude auf das zukünftige Leben einstellt und begehbare Wege gefunden werden.

Bis dass der Tod euch scheidet

„Meine verstorbene Mutter und mein verstorbener Vater wollten nicht, dass ich mich scheiden lasse, oder, dass ich diesen Mann heiratete, oder, dass ich nach der Scheidung wieder geheiratet habe." „Meine verstorbene Tochter war geschieden und hatte wieder geheiratet, wird Gott sie deshalb verdammen?" Solche und ähnliche Sätze höre ich immer wieder bei Trauergesprächen. Daher möchte ich hier über meine eigene Meinung und persönliche Erfahrung schreiben.

„Bis dass der Tod euch scheidet!" Mit diesem Satz habe ich gewaltige Probleme, das können Sie sich sicher vorstellen, wenn sie wissen, dass ich 3 Mal verheiratet war und seit 1988 ohne Partner, das heißt, auch ohne Sex lebe. Lange Zeit habe ich mich dafür geschämt, 3 Mal geschieden zu sein. Oft habe ich mich gefragt: „Warum gerade ich?" Heute glaube ich zu wissen, warum gerade ich.

Die Gründe, weshalb ich drei Mal geheiratet habe, wie auch die Gründe, weshalb ich mich wieder getrennt habe, zeigen mir, dass wir Menschen nicht das Recht haben, unsere Zukunft zu bestimmen. Es ist Gott, der das letzte Wort zu sagen hat. Nur er weiß, was er mit uns vorhat. Somit habe ich wohl richtig gehandelt, indem ich Gott nie versprochen habe, bis dass der Tod uns scheidet, mit diesem Mann verheiratet zu sein.

Die 1. Eheschließung, die auch kirchlich stattfand, wurde inzwischen von der kirchlichen Institution wieder annulliert. Ich habe damals aus Gehorsam zu meinen Eltern diese Eheschließung zugelassen. Beim Anziehen des Brautkleides habe ich Gott um ein Wunder gebeten, damit ich nicht zum Altar gehen muss. Beim Gang zum Altar dachte ich, „Wenn ich eine Pistole hätte, würde ich mich erschießen."

Ehe Nr. 2 - Wenn ich nicht so große Sehnsucht nach Kindern gehabt hätte, wäre ich ins Kloster gegangen. Also versprach ich einem Mann, der mich heiraten wollte, „Wenn ich ein Kind bekomme, heirate ich, weil es mir zeigt, dass es Gottes Wille ist." Mit Gottes Gnaden und ärztlicher Hilfe wurde ich schwanger. Inzwischen war mir aber auch klar, dass dieser Mann nicht der Richtige für mich ist. Aber versprochen ist versprochen. Beim Standesamt sagte ich zu ihm und meinem Vater (ich habe die Trauung hinausgeschoben, bis das Baby fast schon auf der Welt sein sollte), „Ich werde so lange mit ihm zusammenbleiben, solange er ein akzeptabler Vater ist. Mit jedem Tag, den ich bei ihm aushalte, schenke ich meinem Kind einen Vater." Ich war damals, als es für Frauen groß in Mode war, Kinder ohne Vater zu haben, der Meinung, für Kinder sind Mutter UND Vater wichtig. Ich habe 5 Jahre durchgehalten, bis das Risiko zu groß wurde, dass ich mit meiner Tochter obdachlos würde.

Ehe Nr. 3 - Obwohl es nicht die große Liebe war, hätte ich mir mit diesem Mann ein Leben bis zum Tod vorstellen können. Doch Gott hatte ganz etwas anderes mit mir vor. Ich musste, wie die „Goldmarie" in „Frau Holle" tief in den Brunnen fallen, um die wunderbare Wiese betreten zu dürfen und dadurch meine Berufung wirklich leben zu können.

Durch meine Partner wurde ich immer gezwungen, ihr Leben und nicht meines zu führen. Nun erlaube ich mir, nur dem Ruf Gottes zu folgen. Das ist nicht immer leicht, aber immer wieder schön. Das erklärt auch, warum ich oft wunderbare Erlebnisse habe. Ich - nehme - Gott - wahr. Ich nehme meine Eingebungen, Träume und Visionen für „die Wahrheit". Welche Einsichten ich dabei bekomme ist großartig.

„Bis dass der Tod uns scheidet" will ich mich bemühen, menschenwürdig und liebevoll mit dir umzugehen, auch wenn wir nicht mehr als Ehepaar leben können. Nicht Rache nehmen, wenn du mir Leid zufügst. Miteinander reden und nicht gegeneinander arbeiten. Das gilt für beide Menschen. Einer allein wird es nie schaffen. Ich konnte durch Gespräche einige Ehen „retten". Am Ende des Gespräches sagte ich immer dazu,

„Ihr müsst beide wollen, bei mir hat es nie funktioniert, denn ich war immer allein."

Bevor ich eine Entscheidung treffe, frage ich: „Gott, wie muss ich mich entscheiden, um DIR DIENLICH zu sein". Oder, „Gott, was willst DU, dass ich tue?"

Nachdem ich diese Fragen seit meiner Kindheit stelle und nachdem ich mein jetziges Leben betrachte, bin ich der Meinung, dass dieses, der vom Willen Gottes geführte Weg war. Ich musste oft steile Felsen erklettern, fiel in Gletscherspalten, aus denen ich dachte, nie mehr herauszukommen. Ich musste durch Dickicht und über Dornen gehen. Dabei wurde ich von Steinschlägen getroffen und von Dornen verletzt. Trotzdem werde ich meinen Weg dahin fortsetzen, wohin mich Gott führt. Wenn ich an mein Todesnah- und Nahtoderlebnis denke, ist es die unendliche Seligkeit, bei der ich hoffe anzukommen.

Sollte Gott aber wollen, dass mich vorher noch ein „Königssohn" holt, weil ich sein „rechter Schuh" bin, werde ich mit ihm gehen, auch wenn es Menschen gibt, die sagen, das sei unmoralisch.

„Bis dass der Tod euch scheidet", kann aber auch heißen, bis die Zuneigung tot ist. Nicht die Liebe, weil meiner Meinung nach, die Liebe nie stirbt. Gott ist die Liebe, die Liebe ist Gott! Und Gott ist unendlich. Ich glaube deshalb ist es uns Menschen möglich, wenn uns ein geliebter Partner stirbt, dass wir noch einmal die Liebe mit einem „neuen" Partner erleben dürfen. Wir nehmen dem verstorbenen Partner nichts weg. Ganz im Gegenteil. Durch die, gelebte Liebe, leben wir Gott.

Liebe – der einzige Weg in die Herrlichkeit

Bei einem theologischen Seminar sollten wir uns mit dem Satz: „Niemand kommt zum Vater, außer durch mich" auseinandersetzen. Wie schon gewohnt, sorgte ich wieder für Aufruhr, im Anschluss aber für „Aha-Erlebnisse" einiger Teilnehmer.

1. „Niemand kommt zum Vater, außer durch mich." Das ist genau dieser Satz, der die Christen veranlasst hat, sehr viel Göttliches zu zerstören. Viele Kulturen, welche inniger Gott verehren als wir Christen. Ich denke dabei z.B. an die Indianer. Sie konnten sich besser als wir Christen, in den Willen Gottes einfügen, bevor sie zum christlichen Glauben genötigt wurden.

2. Damit ist besonders das Prinzip vom Begleiten angesprochen. Ich glaube nicht nur, ich bin vielmehr überzeugt davon, dass alle Menschen, welche lieben, in die Herrlichkeit Gottes eingehen. Von Gott werden nicht Menschen, welche Jesus durch die Lehre kennen gelernt haben, bevorzugt.

Der Absatz 1. musste schon vom Referenten aufgenommen werden, weil sich einige Teilnehmer dagegen sträubten. Sie beruhigten sich erst, als er sie darauf aufmerksam machte, dass sich die Männer der röm. kath. Kirche heute wohl für das viele Leid und Unheil, was in ihrem Namen bzw. ihrer Vorgänger (da ist es leichter sich zu entschuldigen) angerichtet wurde, bewusst sind und sich auch teilweise dafür entschuldigten.

Beim Absatz 2. rief eine Frau: „Das ist mir aber zu einfach." Das meinte auch schon eine andere Frau im Arbeitskreis, welcher in kleineren Gruppen aufgeteilt war. Worauf ich ihr einige Beispiele aufzählte, womit auch eine weitere Frau verstehen konnte, dass Christsein nicht nur ein „Sonntagsspaziergang" ist, wie sie es nannte. Ich glaube, dass der ganze Mensch gefordert wird. Niemand sollte in die Kirche gehen, aber

Nutzen auf Kosten anderer ziehen. Oder anderen Menschen gegenüber überheblich sein. Oder nichts für arme Menschen abgeben. Teilen, nicht spenden, das heißt 10 % vom Einkommen für andere Menschen geben. Man sollte sich nicht dagegen sträuben, dass ein Erinnerungsgottesdienst für einen Angehörigen zugleich mit jemanden, den er/sie nicht schätzt, gehalten wird. Als Christ sollte man erkennen, dass damit der Wille Gottes und der von den Verstorbenen gezeigt werden. Damit verkünden die Verstorbenen aus dem Jenseits, dass sie miteinander versöhnt sind. Ist das nicht eine wunderbare Geste? Will uns Gott nicht damit zeigen, dass wir uns auch mit den Hinterbliebenen aussöhnen sollten, um selbst in die Herrlichkeit Gottes gelangen zu können? Ich bin überzeugt davon, dass dazu sehr viel Liebe, Ehrfurcht und geistige Größe gehören. Menschen mit geringer Persönlichkeit werden nicht leicht eine Versöhnung herbeiführen. Aussprechen, wodurch man verletzt wurde. Aber auch anhören können, wovon der andere beleidigt wurde.

Im Seminar antwortete ein Mönch, dass damit wohl die allumfassende Liebe gemeint ist. Er fragte mich, ob ich damit das meinte: „Was ihr den Geringsten tut, das habt ihr mir getan - z.B. in Indien." Ja, das hatte ich gemeint, allerdings wenn es aus Liebe geschieht und nicht aus einem anderen Grund, wie Wichtigtuerei und Ähnlichem. Ich gehe aber noch weiter, es gehört auch die Liebe zu den Tieren und Pflanzen dazu. Ja, sogar der liebevolle Umgang mit allem, was existiert, da es aus der Schöpfung Gottes entstand. Wenn z.B. Schießpulver erzeugt wird, kommt es darauf an, dass es zur Menschenwürde verwendet wird und nicht, um Menschen zu töten. Mit Indien ist es eine andere Sache mit dem: „Geringsten", weil in Indien die Religion sagt, dass sich jeder Mensch Karste um Karste „erarbeiten" muss, um ins „Nirwana" (Himmel, besser ausgedrückt: Ewigkeit) zu gelangen. Das heißt, einem Armen Geld zu schenken, verhindert, dass er ins Himmelreich kommt, weil er die Armut, welche ihm seiner Religion nach Gott auferlegt hat, nicht aus eigener Kraft durchlebt hat. Ich glaube aber, dass uns dabei auch Gott hilft, wenn wir dementsprechend mit diesem Menschen sprechen, dass Gott ihm damit ein Zeichen sendet.

In der weiteren Folge ging die Diskussion so weiter, dass immer mehr Teilnehmerinnen und Teilnehmer Antworten in Richtung „durch die Liebe in die Herrlichkeit Gottes zu gelangen" wussten. Jemand sagte: „Damit hat doch jeder Mensch Hoffnung auf die Herrlichkeit Gottes, denn es gibt wohl keinen Menschen, welcher noch nicht geliebt hat." So ist es! Ich gehe auch hier wieder weiter. Es genügt nicht nur, dass ich einmal zu jemand lieb war, sondern: Ich muss bis zum Ende meines Lebens lieben. Egoistisch zu werden mit dem Gedanken: „Ich habe schon jemandem Gutes getan, jetzt kann ich aufhören.", wäre für mich Hohn vorm Auge Gottes. Mein fester Glaube ist, je unermüdlicher wir lieben, desto näher kommen wir dem „Himmelreich".

Bei der Liebe ist es doch so: „Je mehr man gibt, desto mehr bekommt man." Dieser Ausspruch zeigt davon, dass uns Gott umso mehr liebt, wie wir andere Menschen lieben. Das ist meine HOFFNUNG für die Ewigkeit - und die dauert viel länger als das irdische Leben.

Der Kirschbaum

Fragen sie mich nicht warum, ich weiß es nämlich selbst nicht, weshalb ich einmal das Weihnachtsfest mit den Kirschblüten in Verbindung brachte. Eine Meditation war der zündende Funke. Heinrich Waggerl würde so beginnen. Und es begab sich......

Der Christ - Baum ist keine Erfindung der Christen. Schon die Kelten banden Bänder als Schmuck an die Zweige eines Baumes. Nicht unbedingt an einen Kirschbaum, aber auch nicht unbedingt an einen Nadelbaum. Das kam nur daher, weil bei uns zur Weihnachtszeit nur Nadelbäume grün sind.

Nun war ich beim Baum gelandet und von da war es nicht mehr weit zu Jesus. Bei seiner Geburt war er einer Kirschblüte gleich. So zart wie die Farben der Kirschblüten und die Blätter der Kirschblüten selbst, so zart und zärtlich war das neugeborene Kind. Wenn im Frühling die Kirschbäume blühen, öffnet sich beim Anblick des weißen Meeres von Blüten mein und ich glaube, auch das Herz vieler Menschen weit auf. Ein Strahlen geht von den mit Blüten übersäten Bäumen aus und reicht von einem auf einem Hügel stehenden Kirschbaum weit in das Land. Doch die Schönheit der Blüten vergeht. Es folgt die Zeit des Wachstums und der Reifung, mit immerwährenden Gefahren. Stürmen, Dürre und Regen, Käfer und Maden setzen den Blüten zu. Doch wenn aus den zarten Blüten rote Kirschen geworden sind, leuchten diese wieder soweit das Auge reicht. Sie bewirken wieder etwas Besonderes in uns. Wenn wir die roten Kirschen in den Körben sehen, haben die meisten von uns den Wunsch, sie in die Hand zu nehmen, sie zu essen. sie in uns aufzunehmen. Nach meiner Meinung ist das Begehren nach den roten Kirschen stärker als nach einem Apfel.

Vom Kind in der Krippe bis zu Jesus am Kreuz liegt auch der Weg der Gefahren und der Reifung.

So strahlend wie das rosa-weiße Blütenmeer, ist das Strahlen eines gesunden Babys - so auch das des Jesuskindes. Die Jahre der Reifung Jesu vergehen ohne Besonderheiten, außer der einen, als er den Eltern verlorenging. Doch in seiner vollen Reife beginnt sein Wirken. Sein Tod ist der Höhepunkt seines Lebens und leuchtet uns bis heute auf unserem eigenen Weg durchs Leben. Sein Tod war es, der die Menschen auf ihn aufmerksam machte. Ich glaube, wenn er nicht auf diese Weise gestorben wäre und wenn Gott ihn nicht wieder zum Leben auferweckt hätte, gebe es wahrscheinlich kein Christentum und kein Weihnachten. So rot und leuchtend wie die reifen Kirschen, war das Blut, das er vergossen hat. Doch zu Weihnachten ist er noch wie eine Kirschblüte.

Der Kirschbaum und Weihnachten beschreiben das Leben der Menschen.

Es muss nicht immer ernsthaft zugehen,
es darf auch gelacht werden!

Kurschatten
Müde schleich' ich durch den Park,
geschwächt durch Knäckebrot und Quark.
Die Füße sind so schwer wie Blei, als ob ich hundert Jahre sei.
Vor Wochen war ich munter,
heut' rutscht mir gleich die Hose runter.

Verschwunden ist die Lebenskraft, alle Glieder sind entschlaft.
Und was sonst mein ganzer Stolz,
hängt jetzt an mir wie morsches Holz.
Zaghaft tret` ich hinter'n Baum, ich trau meinen Augen kaum,
was einst in voller Blüte stand,
liegt jetzt wie tot in meiner Hand.

Ich wage nicht daran zu denken,
mich irgendeiner Frau zu schenken.
Von Lust und Liebe keine Spur,
das sind die Schatten einer Kur.

ARGE Haus des Friedens
Als mich die Vereinsgründerin der Arbeitsgemeinschaft Haus
des Friedens, Isabella Benning im Seniorenheim
Flurschützstraße als neue Obfrau vorstellte, fiel mir am Gang
ein Poster mit folgenden Worten ins Auge:

Wir lieben:
Alte Kathedralen
alte Möbel,
altes Silber,
alte Lexika,
alte Drucke.
Aber wir haben vergessen,
dass auch alte Menschen schön sind.

Der eingetragene Verein „Arbeitsgemeinschaft Haus des
Friedens" war kein Haus, sondern ein überparteilicher,
überkonfessioneller Verein, dessen Mitglieder sich zur Aufgabe
gestellt hatten, ehrenamtlich alte oder schwerkranke, sowie
sterbende Menschen jeder Altersklasse zu betreuen und in
ihren schweren Stunden nach Dr. Elisabeth Kübler-Ross zu
begleiten. Das schloss auch den Beistand der begleitenden
Angehörigen und die Trauerbegleitung der Hinterbliebenen
ein.

Frau Isabella Benning hat 1983, im Anschluss an ein Seminar
von Frau Dr. Elisabeth Kübler-Ross, eine Gruppe freiwilliger
Helferinnen und Helfer gebildet, die ohne Bezahlung
Hilfsdienste leisteten und die vor allem durch seelische
Betreuung versuchten das Los dieser Menschen zu lindern.
Frau Benning war 15 Jahre die Obfrau dieses Vereines.

Als Obfrau des Vereines von 1998 bis 2014, habe ich mir auch
zur Aufgabe gestellt, den Umgang mit dem Tod wieder
„gesellschaftsfähig" zu machen. Meine Meinung ist:

„Ein liebevolles Umgehen mit dem Tod
bewirkt ein liebevolles Umgehen mit dem Leben."

Das heißt: „Würden alle Menschen mit dem Tod vor Augen leben, gäbe es keinen Krieg."

Eine große Vereinsaufgabe war die Trauerbegleitung. Unsere Arbeitsweise der Begleitung von Trauernden, unabhängig der Todesursache oder der Person (Partner, Eltern, Sohn, Tochter, Erwachsene oder Baby usw.) war folgende:
Ich, als Obfrau, war telefonisch erreichbar. Meistens war das erste Gespräch am Telefon schon ein begleitendes Gespräch. Manches Mal genügte dem Anrufer dieses Gespräch, weil ich den „Knoten", der eine „gesunde Trauer" verhinderte, helfen konnte zu lösen. Wenn nicht, wurden noch ein oder mehrere Gespräche unter „4 Augen" geführt.

Eine Möglichkeit war es bei unseren Treffen mit Betroffenen zu reden.

Besuchsdienst (eine sinnvolle Tätigkeit)
Menschen aller Altersstufen, die sich für unsere Vorstellungen von einem Dienst am Nächsten interessierten, fanden bei uns eine sinnvolle, seelisch bereichernde Tätigkeit, denn alles Engagement, alle Zuwendung, die wir anderen zuteilwerden lassen, kommt im Übermaß wieder an uns zurück. Jede Begleiterin und jeder Begleiter bestimmte selbst, wie viel Zeit sie aufwenden konnten, waren es Tage, Halbtage oder ein paar Stunden pro Woche - in jedem Fall aber regelmäßig und verlässlich.

Schulung und Seminare
Unsere Begleiterinnen und Begleiter wurden zunächst in Einführungsabenden auf ihre Arbeit vorbereitet. Zur Weiterbildung wurden ständig Vorträge und Seminare veranstaltet, die von anerkannten in- und ausländischen Fachkräften gehalten wurden. Dadurch lernten wir, die so wichtigen Themen „Sterben, Tod und Krankheit" aufzuarbeiten, sie als Teil des Lebens anzunehmen und in den Alltag zu integrieren.

Meine Begrüßung als neue Obfrau
„Zuerst möchte ich euch als neue Obfrau unseres Vereines: „Arbeitsgemeinschaft Haus des Friedens" begrüßen. Von nun an werde ich euch nicht nur mit „meinen Gedanken" beglücken(?), sondern werde mich auch bemühen, den Verein würdevoll zu vertreten.

Einige von euch wissen, dass ich mich schon seit einigen Jahren wehrte, Isabella abzulösen. Nachdem ich aber niemanden finden konnte, der den Vorsitz unseres Vereines übernehmen wollte, haben Isabella und ich darüber gesprochen, den Verein aufzulösen. Dabei wurde mir aber bewusst, dass mir dann etwas fehlen würde. Eine meiner Lebensaufgaben ist es, zu begleiten. Daher werde ich mich von einigen anderen Aktivitäten zurückziehen, um mehr Zeit für die Tätigkeit als Obfrau der „Arbeitsgemeinschaft Haus des Friedens" zu haben. Wahrscheinlich muss ich euch nicht sagen, dass mich das andererseits schmerzt, da ich dadurch mir liebgewordene Menschen und Freunde weniger sehen werde als bisher. Ich werde jedoch sicher in Kontakt mit ihnen bleiben.

Wir von der „ARGE Haus des Friedens" werden weiter wie bisher alte oder kranke Menschen bis zum Tode und Trauernde durch die Trauer begleiten. Wir werden genauso wie bisher für Weiter- und Ausbildung unserer Begleiter sorgen. Mein persönlicher Schwerpunkt wird es weiterhin sein, möglichst viele Personen zu erreichen, die ihre Familienangehörigen begleiten wollen, oder eben dabei sind, sie zu begleiten. Meiner Meinung nach sollte die „breite Öffentlichkeit" wieder fähig werden, den Tod nicht unbedingt als Freund - er verursacht ja Abschiedsschmerz - aber auch nicht, als Feind zu betrachten. Wir sollten wieder lernen, dass der Tod zum Leben gehört, dass er nicht etwas ist, was nur anderen „passiert", sondern, dass jeder von uns stirbt. Wir wissen nur nicht wann und wie.

Nicht auf die Schutzbefohlenen vergessen
daran musste ich als Obfrau erinnern.

Die meisten von Ihnen werden Urlaub machen. Ich möchte Sie ersuchen, nicht auf Ihre Schutzbefohlenen Mitmenschen in der Urlaubszeit zu vergessen. Ein Anruf vor dem Urlaub mit der beabsichtigten Rückkehr ist eine Beruhigung für einen Menschen, der wartet. Noch dazu eine Grußkarte aus dem Urlaubsort ist sicher eine Aufwertung der Menschenwürde und Freundschaft. Sollten Sie gerade einen Menschen betreuen, der nicht über Ihre Urlaubszeit ohne Begleitung sein soll, melden Sie Sich bitte bei uns. Somit wünsche ich Ihnen viel Freude, aber auch Erholung für Ihren Körper und ganz sicher auch - für Ihre Seele.

ODER: Der Sommer und die Urlaube sind nun vorbei. Ich hoffe ihr hattet schöne Ferien und seid wieder wohlbehalten zu Hause angekommen. Weiters hoffe ich auch, ihr bringt neuen Elan und viel Kraft für die ARGE Haus des Friedens mit. Über den Besuch und die Mitarbeit eines jeden Mitgliedes freue ich mich. Lasst mich nicht im Stich, denn allein bin ich gar nichts. Ich danke euch jetzt schon dafür.

ODER: Ein Arbeitsjahr ist wieder vorbei und die meisten von Ihnen machen Urlaub. Bitte vergessen Sie dabei nicht auf die Menschen, die Sie begleiten. Regeln Sie mit Ihnen den nächsten Besuch. Schreiben Sie eventuell eine Karte aus dem Urlaub. Wir, das Team aus dem Büro wünschen Ihnen eine schöne Zeit. u.s.w.

Zeitschrift Requiem

Herr Hetz von der damals neuen Zeitschrift „Requiem" hat mein Bedauern, dass so wenige Menschen bereit sind, andere Menschen ehrenamtlich zu begleiten, mit seiner Aussage bestätigt: „Vom Interesse zur Handlung ist ein weiter Weg."

So ist es. Wenn ich die Bewegung unserer Mitglieder der „ARGE Haus des Friedens" betrachtete, war es die Bestätigung dafür. Einige Zeit dachte ich, dass ich Fehler bei meinen „Erstgesprächen" machte. Rückfragen bei einigen Interessierten haben aber Gegenteiliges ergeben. Eine Frau sagte wortwörtlich auf meine Frage, ob ich einen Fehler bei unseren Gesprächen machte: „Ilschen, du doch nicht." Das gab mir die Möglichkeit, andere Gründe zu finden.

„Erstgespräch", nannte ich das erste Gespräch mit eventuellen Begleitern, welches unter „vier Augen" stattfand. Bei diesen stellte sich oft heraus, dass der Wunsch zu begleiten gar nicht so groß war, sondern dass sie selbst eines Begleitgespräches bedurften. Das heißt, sie waren durstig nach Heilung ihrer eigenen Seele und nach Impulsen zur Betrachtung ihrer Probleme. Ich denke, das ist auch so in Ordnung. Damit ist vielleicht mehreren Menschen geholfen, als wenn diese betreffende Person begleiten würde. Öfter wurde ich angerufen und die Gesprächspartner, es waren zum großen Teil Frauen, bedankten sich für meine Hilfestellung. Ich bin auch heute noch der Meinung, dass meine Gesprächspartner dadurch einen gefühlvolleren Umgang mit anderen Menschen gewinnen konnten. Für mich war das wunderbar. Doch als Begleiter blieben halt nur wenige übrig.

Gesellschaft aller Lebensalter

1999 wurde von den Vereinten Nationen unter dem Motto: „Zu einer Gesellschaft aller Lebensalter" zum „Internationalen Jahr älterer Menschen" ausgerufen. Zur Vorbereitung und Begleitung des Jahres, wurde mit Ministerratsbeschluss im Bundesministerium für Umwelt, Jugend und Familie ein Österreichisches Nationalkomitee einberufen, das unter dem Vorsitz vom damaligen Bundesminister Dr. Martin Bartenstein stand. Bei der letzten Sitzung des Ausschusses kam mein Antrag, dass der Mensch aus Leib UND Seele besteht, und dass immer die Seele zu kurz komme, sehr gut an und wurde zur weiteren Verwertung ins Protokoll aufgenommen. In den Krankenhäusern kümmern sich so viele Ärzte um den Leib des Menschen, aber so wenige, beziehungsweise meistens gar niemand, um die Seele des Menschen, obwohl es sehr oft die Seele ist, die Krankheiten auslöst.

Seit langer Zeit ist es mir auch ein Anliegen aufzuzeigen, dass an unseren Schulen nur das gelehrt wird, was uns klüger und gescheiter macht, aber nichts, was uns weiser macht. Nur Wissensvermittlung und keine Herzensbildung. Das heißt, unseren Schülern wird gelehrt wie schnell wir zum Mond fliegen können und wieder zurück, was wir tun können, um bessere Ernten zu erzielen, die wir dann zur Preisregulierung wieder vernichten, etc. etc. Unsere Kinder lernen in vielen Schulen nicht, wie sie mit alten Menschen oder mit kranken Menschen umgehen sollen oder den Umgang mit Konflikten, etc. Das gilt auch für die jungen Männer des Bundesheeres. Dabei bin ich überzeugt, dass nicht erst die nächste Generation, wie einige Ausschussmitglieder bei der letzten Sitzung des Ministeriums meinten, den Nutzen davon, trägt, sondern unsere Jugend bringt ihr Wissen mit nach Hause. Ich habe das sehr deutlich beim Umweltbewusstsein und bei der Sexuallehre gemerkt. Es wird daran gearbeitet, ein Unterrichtspaket in den Schulen einzubringen. Sollte uns das wirklich gelingen, ist das meiner Meinung nach, ein Riesenschritt in eine menschenwürdigere Zukunft.

Nächstenliebe

Die Hauptaufgabe der Mitglieder unseres Vereines ARGE Haus des Friedens war es, Menschen bis zum Tod zu begleiten, und zwar ehrenamtlich, als Freiwilligentätigkeit, das heißt: „aus Nächstenliebe". Beim Erstgespräch das ich mit neuen Mitgliedern führte, stellte sich allerdings oft heraus, dass es andere Beweggründe waren, die das neue Mitglied bewogen haben, bei uns mitzuarbeiten. Sehr oft war es ein Nachholbedarf von versäumter Liebe. Entweder hatte das neue Mitglied zu wenig bekommen oder zu wenig gegeben, oder konnte die Liebe zu wenig zeigen oder aussprechen. Viele Menschen sind der Meinung: „Ich liebe ihn (den anderen Menschen) so sehr, das muss er doch fühlen." Wahrscheinlich fühlt der „Andere" das auch, aber das ist nicht genug. Wir müssen es dem betreffenden Menschen auch sagen. Niemand fällt eine Perle aus der Krone, wenn man sagt: „ich mag dich", „ich hab` dich gern", „du gefällst mir", „es ist schön, dass es dich gibt" oder „ich liebe dich". Diese Worte können Wunder bewirken und Berge versetzen. Sie können Kraft geben und Mut machen. Sie können ein Herz öffnen und Steine erweichen. Solche Worte sind oft die Bestätigung einer Vermutung und nehmen die Unsicherheit.

Für mich war es immer wieder wunderbar, wenn ich merkte, wie erleichtert die Menschen nach den Übungen, die wir gemeinsam machten, waren. Nicht immer genügte ein Gespräch. Es waren die kleinen Schritte, die viel in uns bewirken können.

Übrigens, ich trage es immer bei mir,
Paulus 1. Brief an die Korinther, Kapitel 13:
„.... hätte aber die Liebe nicht, so wäre ich nichts"

Besuch im Heim oder Krankenhaus
Jeder Besucher in Seniorenheimen oder Krankenhäusern steht in der Position zwischen Patienten und Betreuern. Wir fungieren als „Vermittler" zwischen den „Parteien". Als Nicht-Verwandte, aber als ausgebildete Begleiter müssen wir wissen, wie man mit dieser Situation umgeht. Angehörige tun sich leichter, sich Wissen für diese Situationen anzueignen.

Wie oft habe ich schon von Heimbewohnern gehört: „Mir wurde dieses oder jenes gestohlen". Ich habe nie wirklich erlebt, dass etwas gestohlen wurde. Aber ich gehe mit so einer Aussage genauso sorgfältig um, wie mit meinem Weggefährten, Verwandten, oder dem Personal.

Ich lasse mir erzählen, wie und was gestohlen wurde.
War es z.B. eine Unterhose oder Bargeld und dergleichen?
Wurde es im Vorzimmer aufbewahrt oder unter dem Kopfpolster, etc.?
Wer hat noch Zugang zum Aufbewahrungsplatz?
Gibt es Zimmergenossen? Welches Verhältnis haben diese untereinander?
Und vor allem, wie gut kenne ich meinen Weggefährten/Verwandten? Seit wann begleite ich ihn?
Gab es schon solche Vorfälle mit der begleiteten Person?
Kam das „Gestohlene" wieder zum Vorschein?

Entsprechend dem Bild, das ich mir machen kann, bearbeite ich diesen Vorfall. Kommt mir die Beschuldigung unwahrscheinlich vor, versuche ich meinen Weggefährten bzw. Angehörigen mit entsprechender Stimme und einfühlsamen Worten dahin zu führen, dass ihm selbst bewusst ist, dass kein Diebstahl vorliegt. Ich erzähle unbedingt davon, dass mir „so was" auch schon passiert ist. Nämlich, dass ich etwas verlegt habe und es erst Tage, Wochen oder Monate danach wiederauftauchte. Somit erniedrige ich niemanden, weil wir damit auf der gleichen Stufe stehen. Der Ton spielt dabei eine große Rolle. Der Gesprächspartner muss sich auf jeden Fall ernst genommen fühlen und darf nicht als „Dummchen" oder für hysterisch hingestellt werden.

Der vermeintlich gestohlene Ehering meines Vaters, den er fünfundachtzigjährig, wegen einer Operation ablegen musste, kam nie mehr zum Vorschein. Ich glaube allerdings, dass er nicht gestohlen wurde, wie mein Vater meinte, sondern dass er auf etwas Weiches fiel und leise weiter rollte. Die Putzkraft wird ihn unbeachtet aufgesaugt oder weggekehrt haben. Ich glaube nicht, dass sich jemand einen über fünfzig Jahre alten, schon zum Abreißen dünnen Ehering aneignet. Nachdem meinem Vater der Ehering sehr wichtig war, tat er das, was ich ihm empfohlen habe. Er steckte sich zu Hause einen Pro-forma-Ring an den Finger. Bei der bald darauf- folgenden diamantenen Hochzeit, gab es für beide Elternteile einen neuen Ehering. Ich könnte noch einige Erlebnisse über „Scheindiebstähle" von Menschen, welche ich begleitete, erzählen.

Ein anderes Problem ist die Liebenswürdig- oder Nichtliebenswürdigkeit des Personals bei den Menschen, welche wir besuchen. Von Haus aus muss ich sagen, das Personal hat es nicht leicht, täglich mit was-weiß-ich wie vielen Personen und gleichzeitigem Zeitmangel, immer liebenswürdig zu sein. Noch dazu können sie sich nicht die Menschen, welche sie betreuen aussuchen. Daher schätze ich es sehr, dass ich als Ehrenamtliche oder Freundin, mir die Menschen aussuchen kann, welche ich besuche. Bei Familienangehörigen ist es mit dem Aussuchen nicht gut bestellt. Aber ich kann mir aussuchen, wann und wie oft ich besuche.

Berufliche Betreuer haben keine Wahl. Sie müssen auch schwer umgängliche Menschen betreuen und das fast jederzeit. So kommt es oft vor, dass es diesbezügliche Beschwerden gibt.

Ich lasse mir erzählen, was, wann, wie oft, von wem passierte. Erst danach wiege ich ab, ob ich mit meinem Familienangehörigen oder Weggefährten so reden soll, dass er die Krankenschwester oder den Krankenpfleger besser verstehen oder nachsichtiger sein kann, oder ob ich ein Gespräch mit der Krankenschwester oder dem Pfleger führe. Auch bei diesem Gespräch gehört viel Einfühlungsvermögen dazu, um keine noch größere Disharmonie zu erzeugen. Bisher musste ich solche Gespräche erst führen, als ich vom Personal schon mit meinem Umgang mit Menschen akzeptiert wurde. Das heißt, sie wussten, dass ich keine Wichtigtuerin bin und nur, wenn ich es unbedingt für nötig halte so ein Gespräch führe.

Ich glaube nicht, dass irgendjemand ein Recht hat, in einer Institution aufrührerisch zu agieren. Nicht unterordnen, jedoch „einfügen", das ist es, was es ausmacht, dass ich schon seit ca. fünfundvierzig Jahren in Krankenhäusern und Altersheimen gut angenommen werde. Damals habe ich meinen Schwiegervater regelmäßig im Krankenhaus besucht. Siehe „wortlose Kommunikation". „Einfügen" dieses Wort gefällt mir. Es drückt nämlich genau das aus, was ich meine. Durch Einfügen kann man etwas reparieren, heil machen, ergänzen, vervollständigen. Das alles ist es, was in Krankenhäusern, Heimen, Gemeinschaften und Organisationen nötig gebraucht wird. Dieses gilt auch für die Familien.

Einen Punkt möchte ich noch anschneiden, und zwar, wir leben in einem Land mit Religionsfreiheit, trotzdem oder gerade deswegen dürfen wir genauso, wie bei jeder unserer anderen Überzeugung keinen Schutzbefohlenen „zwangsbeglücken".

Eine Begleiterin sagte einmal zu mir, weil sie der Meinung war, nur Beten könne „ihrer Dame", die von beten nichts gehalten hat, helfen: „Immer, wenn ich aus dem Zimmer draußen bin, bete ich für sie". Ich denke, das war sehr weise von der Begleiterin.

162

Mit dem Tod auf du und du

Wenn man jemand begleitet, heißt das, man geht mit ihm ein Stück seines Weges oder bis an sein Ziel. Mein Ziel als Begleiterin ist oft ein würdevoller Tod des Weggefährten. Für viele Menschen in der heutigen Zeit, ist der Tod der Schrecken des Lebens. Zum einen, weil es bedeutet, dass sie von dem Schönen und Lebenswerten Abschied nehmen müssen, zum anderen, wird der Tod meistens mit Schmerzen verbunden. Heute muss das allerdings nicht mehr so schmerzhaft sein. Seit unserer Unterschriftensammlung zur besseren Schmerz- linderung vor Jahren, hat sich die Schmerztherapie (Onkologie) sehr verbessert. Viele der unheilbar Kranken können dadurch ein bewusstes Leben manchmal bis vor dem Tod leben. Dadurch kann der Sterbende sein Leben noch in Ordnung bringen und von seiner Familie und Freunden Abschied nehmen. In solchen „Fällen" ist Begleitung noch wichtiger.

Nicht jeder Begleiter muss unbedingt dem Tod begegnen oder Menschen beim Sterben begleiten. Trotzdem finde ich es wichtig, dass sich Begleiter sowie jeder Mensch, mit dem Tod auseinandersetzen. Dadurch können sie mit dem Leben sinnvoller umgehen und somit auch mit den Menschen. Begleiter, die mit dem Tod nichts anzufangen wissen, haben oft Probleme beim Umgang mit alten oder kranken Menschen.

Bei Begleitern in unserem Verein legte ich großen Wert darauf, den Tod nicht nur zu akzeptieren, sondern den eigenen Tod auch als Bestandteil des Lebens annehmen zu können oder es zu lernen. Es gibt einige Übungen dafür, doch die besten Lehrmeister sind auch hier die eigenen Erlebnisse und Erfahrungen.

Übungen sollten nur mit einem Begleiter gemacht werden, der die Fähigkeit hat, den Übenden nicht in eine Depression oder das sogenannte „schwarze Loch" fallen zu lassen. Aus diesem Grunde biete ich hier auch keine Übungen an.

ABSCHLUSS
2009
Zweieinhalb Wochen Pflegestation

Vor einigen Monaten hatte ich meiner Meinung nach, dieses Buch fertig geschrieben und habe es an einen Verlag gesendet. Nachdem aber von diesem Verlag weder eine Zusage noch eine Absage kam, meinte meine jüngere Tochter: „Mama, vielleicht ist dieses Buch noch nicht fertig." Zu der Zeit wusste ich nicht, wie recht sie hatte. Bald darauf wurde ich wegen einer plötzlich eintretenden Drehschwindelattacke ins Krankenhaus gebracht. Ich war zweieinhalb Wochen im Krankenhaus und konnte insgesamt zwei Monate nicht richtig gehen, nicht Fernsehen oder lesen.

Nach der Erstversorgung blieb ich in der „Aufnahme" bis die Visite kam. Der Stationsarzt sah sich noch dies und jenes an, z.B. wie die Augen sich drehten, dann sagte er mir, dass ich stationär aufgenommen werde. Er fragte mich, ob er noch etwas für mich tun könnte. „O ja" antwortete ich. „Es wäre mir ein Anliegen mich selbst zu waschen und wenn ich die Möglichkeit hätte, allein aufs WC zu gehen." Dieser Wunsch wurde mir wirklich erfüllt. Ich bekam ein Bett nur ca. einen Meter von der Toilettentür entfernt. Da konnte ich mich mit einer Hand am Bett anhalten und mit der anderen die Tür öffnen und so in Waschraum und WC gelangen.

Dieser Komfort hatte allerdings seinen Preis. Ich lag in der „Pflegestation" mit drei weiteren Frauen in einem Zimmer. Die drei Frauen waren von 87 bis 96 Jahre alt. Alle drei bettlägerig und teilweise geistig abwesend. Damit hätte ich kein Problem gehabt, aber damit sich die Frauen nicht wund lagen, hatten sie Matratzen, die Tag und Nacht von Motoren betrieben wurden. Mein Kopf, die Übelkeit, drei Motoren und eine Schwüle im Raum, (obwohl er ausgesprochen groß war) - da waren die Nächte lang und grausam.

Doch gelernt habe ich noch einiges - in diesen zweieinhalb Wochen. So z.B. war ich der Meinung, meine 92jährige Nachbarin werde bald sterben. Aber nein, sie konnte mobilisiert werden und wurde wieder, in ihr Heim zurückgebracht.

Ihre Nachfolgerin wurde am zweiten Tag wieder in häusliche Pflege übergeben, weil sie Krebs im letzten Stadium hatte. Zwei Tage bevor ich entlassen wurde, kam eine Frau mit fünfundsiebzig Jahren. Endlich ein Motor weniger.

Die Frau von vis-à-vis konnte auch wieder in ihr Heim gebracht werden. Statt ihr kam eine Frau, etwas älter als ich. Sie war noch da, als ich schon nach Hause konnte. Noch ein Motor weniger. Einen Tag nach ihrer Ankunft wurde ich endlich entlassen.

Sie werden nun denken, was war mit dem dritten Bett? Ja, diese Frau war schon einige Male auf dieser Station, kam, wenn es ihr besser ging immer wieder nach Hause und wurde von ihrem Mann und zwei ihrer Schwestern gepflegt. Kinder hatte sie keine.

„Uns tut diese Frau so leid", meinten einige Krankenschwestern, „sie kämpft mit dem Leben und kann nicht sterben". Täglich wurde ihr einige Male der Schleim abgesaugt, sie wurde mit künstlicher Nahrung ernährt, die ihr mit einer Pumpe in den Körper befördert wurde. Noch eine Pumpe im Zimmer, die Tag und Nacht ohne Unterlass Lärm machte. Wenn das Sackerl leer war, piepste der Motor mit einem schrillen Ton, aber die Schwestern hörten es trotzdem nicht. Schon gar nicht in der Nacht. Wenn ich es nicht mehr aushalten konnte, läutete ich und wenn eine Schwester oder ein Pfleger kam, sagte ich nur: „Frau .... piepst". Sie meinten ja, dass ich ihre Hilfe brauche, weil meine Glocke anschlug.

Um fünf Uhr dreißig wurde diese Frau und die anderen beiden gewaschen und gepflegt. Nicht, dass ich dabei schlafen konnte, denn ich hatte sowieso kurz vorher erst eingeschlafen. Das

„amtierende" Pflegepersonal unterhielt sich laut und ohne dabei zu denken, dass eine Person, nämlich ich, da lag und nicht im Delirium war. Außerdem musste ich erst zum Frühstück um acht Uhr gepflegt sein.

Obwohl meine Körperpflege für mich anstrengend war, ich konnte mich ja nicht bücken und es war mir immerwährend elend und übel, war ich doch froh, dass mich niemand, so wie am ersten Tag bei der Aufnahme waschen musste und dass ich nicht stündlich um die „Schüssel" bitten musste.

Sehr viel Kraft verbrauchte ich für die Besucher. Um 11 Uhr waren die ersten da und die letzten gingen um 19 Uhr. Einmal blieb sogar jemand bis 21 Uhr. Einige brachten die Kinder mit. Bei einer Familie waren es 5 Kinder, die im Zimmer „Fangerl" gespielt haben.

Einmal kam eine junge Frau mit einem kleinen Kind und sagte zu einer der Frauen, die geistig nicht da waren: „Tante, jetzt bin ich mit dem Kleinen soweit gefahren und du schaust mich nicht einmal an." Sie können sich sicher vorstellen, was ich mir dabei dachte.

Die Schwestern und Pfleger waren sehr unterschiedlich. Manche waren sehr fröhlich und höflich. Andere konnten einfach gut mit Menschen umgehen. Sie wurden nicht erregt, wenn eine Patientin etwas brauchte und sie hatten gerade keine Zeit, sondern sagten nur gelassen, dass sie sofort kommen, aber im Moment nicht können.

Bei einem Pfleger warf ich einmal ein, als er eine Patientin anschnauzte: „Na, Na, Na." Darauf meinte er: „Die ärgert mich doch." Worauf ich antwortete, „Das ist ihr Beruf, wenn sie damit nicht umgehen können, sollten sie einen anderen Beruf wählen." Er lächelte mich an und meinte: „Ja, sie haben recht." Wir sprachen dann darüber, wie er sich „abschotten" kann und ich versicherte ihm, dass mir klar ist, dass dieser Beruf nicht leicht ist und wohl etwas mit Berufung zu tun hat.

Köstlich empfand ich immer die Rufe von zwei der Frauen. Eine rief jedes Mal nach der Mutter und die andere nach ihrer schon toten Schwester und nach der Nichte, die Tochter der toten Schwester. Das habe ich von ihren Besuchern erfahren.

Die ersten Nächte habe ich auf die Rufe halb, wie eine Begleiterin mit Validationskenntnissen und halb, wie man als Bettnachbarin reagiert geantwortet: „Die kommt gleich, sie ist nur auf dem Klo." Das hat aber nicht funktioniert, bis mir bewusstwurde, dass das keine Erklärung für demente Menschen ist. Als ich dann immer mit: „Ich komme schon, ich bin am Klo." geantwortet habe, war jede der Frauen zufrieden.

Die Zeit im Krankenhaus und die Monate danach, bis ich wieder gesund war, waren für mich sehr lehrreich.

Mir ist in dieser Zeit auch bewusst geworden, weshalb kranke oder alte Menschen Medikamente horten. Kranke oder alte Menschen sind auf die Hilfe anderer Menschen angewiesen und es besteht dadurch die Möglichkeit und Angst, nicht rechtzeitig zum Arzt oder in die Apotheke zu kommen, um neue Medikamente zu besorgen.

Danke für jedes gute Wort

Nicht immer kommt ein „Danke" für unsere Begleitungen und Bemühungen. Doch manches Mal bekommt man aufmunternde Worte.

Ich möchte mich für jedes liebe und mutmachende Wort bedanken. Es ist richtig: „Der Mensch lebt nicht allein von Brot." Jedes liebe Wort ist für mich Nahrung und gibt mir Kraft, um das zu tun, was ich glaube, dass Gott von mir erwartet. Es ist gar nicht eine so große Leistung von mir, ich bin nur das Werkzeug Gottes, der mir durch seinen Segen zeigt, dass ich den richtigen Weg gehe.

Immer wieder, wenn ich am Verzagen bin, sendet er mir Zeichen, welche mir Kraft und Mut geben weiterzumachen. So wie Briefe und Anrufe von Begleitern, sind es oft Anrufe von einzelnen Menschen, oder Aufforderungen von öffentlichen Stellen. Ich freue mich darüber. Ich werde nicht eingebildet, sondern Freude und Demut beseelt mich. Es tut mir immer wieder gut zu hören, dass ich helfen konnte. Helfen in Fällen, wo Ärzte und Therapeuten nicht helfen konnten. Ist das nicht wunderbar? Zeigt mir Gott damit, dass er Freude an meinem Tun hat? Er gab mir doch diese Gabe, die zu einer meiner Lebens-Auf-Gaben wurde.

Bewusst verabschieden

Vor Jahren schlitterte ich in eine Energielosigkeit. Mit jedem den ich darüber gesprochen habe, ob Professionisten oder Laien, ausnahmslos waren alle der Meinung, die Energielosigkeit rühre von der Begleitung her. Schon damals wusste ich, dass das nicht der Fall war, weil ich bei diversen Ausbildungen gelernt habe, die Probleme anderer Menschen nicht zu übernehmen. Ich konnte und kann mich gut schützen.

Heute weiß ich, dass damals das Burn Out von fünf Abschieden innerhalb fünfzehn Monate herrührte. Als mir das bewusst wurde dachte ich: „Ich führe ehrenamtliche Begleiter in die Thematik ein und predige dabei, dass jeder Abschied, egal ob von einem Menschen oder von etwas anderem, verarbeitet werden muss, damit wir gesund bleiben. Bei mir selbst habe ich es übersehen." Zu meiner Entschuldigung – alles ging so schnell und ich war noch sehr im Arbeitsprozess, der mit viel Verantwortung verbunden war. Trotzdem hätte mir das als Professionistin in der Begleitung nicht passieren dürfen.

Ich komme zurück – verarbeiten – besser noch als verarbeiten ist, sich bewusst zu verabschieden!

Autorin
Sind Laien nicht von Gott berufene Seelsorger?
1998

Ich heiße Ilse Jedlicka, bin röm. kath., also Christin. In diesem Moment sitze ich in einem Lehrgang der evangelischen Diakonie für: „Besuchsdienste in den Pfarren", daher liest ihnen Trude F. meine Meinung über die Frage: "Sind Laien nicht von Gott berufene Seelsorger?" vor.

Beruflich habe ich mit Buchhaltungen und Steuern zu tun, erleichternd mit freier Zeiteinteilung. In meiner Freizeit arbeite ich in verschiedenen Organisationen für den Frieden mit. Setze mich sehr für die Bewahrung der Schöpfung ein und mache Seelsorge. Seelsorge, das heißt: Lebensbegleitung bis zum Tod, Sterbe- und Trauerbegleitung und führe Gespräche mit depressiven Menschen, bis sie gelernt haben damit umzugehen. Das tue ich ehrenamtlich, um nach Gottes-Willen zu leben.
Ich gehe davon aus, dass hier niemand sitzt mit der Meinung, Gott beruft nur Menschen die männlich, alleinstehend und hartherzig oder lieblos/gefühlsarm sind. Auf Grund meines Lebens möchte ich darstellen, dass auch eine urmenschliche Frau, eine von Gott berufene Seelsorgerin sein kann.

Ich war ca. 5 Jahre alt, als ich zu meiner Freundin sagte, wir gehen jetzt in die Kirche, denn dort ist Gott. Heute kann ich das wunderbare Gefühl noch spüren, das ich hatte. Aber auch die Enttäuschung, weil ich Gott in der Kirche nicht fand. Zu meiner Freundin meinte ich nachher, „Er war nicht da". Mit der röm. kath. Amtskirche geht es mir seit Jahren genauso. Als ich 8 Jahre alt war, war ich an Typhus erkrankt und wurde praktisch im letzten Moment, also dem Tod sehr nahe, ins Krankenhaus gebracht. In unserem Ort wurden die Kirchenglocken geläutet, die Leute versammelten sich in der Kirche und beteten für oder um mich. Mit 12 konnte ich es nicht glauben, dass man sozusagen sündigen muss um das Schönste was es gibt, von Gott zu bekommen. Nämlich ein Kind!

Diese Meinung - obwohl ich geistig und körperlich wie eine 17jährige entwickelt war. Damals wurde nicht davon gesprochen, dass Geschlechtsverkehr mit dem Wunsch Kinder zu zeugen, oder aus Liebe, keine Sünde ist. Heute bin ich der Meinung, dass uns Gott die körperliche Liebe nicht mitgegeben hat, um uns sexuell abzureagieren oder nur um Kinder zu zeugen. Vielmehr soll der Wunsch nach Vereinigung im Vordergrund stehen. Mit 16 klärte mich meine Mutter so auf, dass jeder Mann vor der Ehe Sex will. Meine Antwort war, dass ich lieber ins Kloster gehen würde, als vor der Ehe Sex zu haben. Zu dieser Zeit hatte meine Mutter wohl recht damit, dass ich mit meinem Temperament nicht ins Kloster passte. Ich arbeitete sehr gerne und sang und tanzte dabei, wenn es möglich war. Zu dieser Zeit besuchte ich neben der Berufsausbildung auch einen Kurs für Erste Hilfe, um Menschen besser helfen zu können.

Ab meinem 16. Lebensjahr hatte ich das Gefühl, dass Gott, der "ICH BIN DA", mich berufen hat, für andere Menschen da zu sein. Ich besuchte einsame Menschen in unserem Ort und putzte für alte Leute die Wohnung. Bei einer Tante meiner Mutter, die keine Menschen mochte, schlich ich mich durch ihren verwilderten Garten bis zur Haustür. Mein Herz pochte laut. Ich glaube noch lauter als das Klopfen an der Tür. Als mich diese Frau, die meine Großtante war und das gar nicht wusste, mit ihrem Gehstock verjagen wollte, nahm ich meinen ganzen Mut zusammen und sagte zu ihr, dass ich die Tochter ihrer Nichte sei und daher nichts Böses wollte. So viel Mut und Liebe hatte sie wahrscheinlich schon lange nicht erfahren. Sie selbst hatte keine Kinder. Von da an besuchte ich sie öfter, putzte ihre Wohnung, in der es immer fürchterlich gestunken hat, so dass ich den Brechreiz sehr unterdrücken musste. In meinen Mädchenjahren kamen Schulkolleginnen zu mir, wenn sie Liebeskummer hatten oder einen Kosenamen für ihren Freund brauchten.

Der plötzliche Tod eines lieben Freundes und Kletterpartners von mir vor 22 Jahren, war der Tupfen auf dem i. Ich begann mein Leben so zu leben, dass ich möglichst nicht verletze und jederzeit sterben kann. Das dürfte der Grund gewesen sein, dass ich bei einem Nahtod- und einem todesnahen Erlebnis durch einen Unfall mit Herzstillstand vor 10 Jahren, Gottes Nähe spüren durfte. Als ich durch einen starken Schlag wieder ins Leben zurückkehrte, war ich der Meinung, „im Himmel" gewesen zu sein. Durch diese Erlebnisse habe ich die Angst vor dem Tod, das heißt, die Angst vor der Ungewissheit und Einsamkeit im Jenseits verloren. Seither habe ich über hundert Seminare, Lehrgänge und Kurse, teilweise an der UNI, mit namhaften Ärzten und Therapeuten besucht. Ich habe mich über Valitation, Musik als Therapie, Astrologie, Theologie und Esoterik etc. informiert. Ich bin der Meinung, dass mir Gott geholfen hat, einen Beruf auszuüben, bei dem ich mir meine Zeit einteilen kann. Darum kann ich mehr für andere Menschen da sein.

Da mache ich Seelsorge. Ich bin keine Seelsorgerin, weil das meiner Meinung nach, eine berufliche Ausübung wäre. Ich bin keine Politikerin, aber ich mache Politik. Ich bin keine Seelsorgerin, aber ich mache Seelsorge. Ich mache Seelsorge, weil ich das Gefühl habe, Gott hat mich dazu berufen.

Es steht außer Frage, dass ich dadurch keinen Leistungszwang und keinen Zeitdruck habe, wie es oft bei Priestern der Fall ist.

Bei Gesprächen mit depressiven Menschen, sowie bei solchen, die tiefe Trauer oder Einsamkeit empfinden, biete ich immer wieder an, oder besser, ich empfehle es und wünsche es, mich auch nachts anzurufen. Dafür steht ein eigenes Telefon dessen Nummer ich den entsprechenden Personen gebe, neben dem Bett. Kürzlich sagte jemand zu mir: „Ein Arzt kommt auch in der Nacht, aber ein Priester nicht". Dabei sind die Ängste und die Einsamkeit am stärksten in der Nacht.

Bisher war ich der Meinung, nur Priester sind Seelsorger. Bei dem Lehrgang der evangelischen Diakonie für „Besuchsdienste in den Pfarren", wurde uns ans Herz gelegt, uns Seelsorger zu nennen, auch wenn wir keine Priester oder Priesterinnen sind.

Noch etwas:
Die Frohbotschaft der Auferstehung Christi, überbrachten: Frauen!!!

PS: 2020
Ich musste durch eine harte Schule der Reifung gehen, um dahin zu kommen, wo ich heute bin. Ich bin seit 2009 Humanenergetikerin und helfe vielen Menschen durch Blockadenablöse zur Lebensfreude.

Ich darf mich verabschieden

Nun möchte ich mich von Ihnen verabschieden. Ich wünsche für uns beide, dass ich Ihnen einige Ansätze zur Begleitung vermitteln durfte und hoffe, Sie werden in Ihrem Herzen Frieden finden und oft ein Dankeschön bekommen.

Sollten Sie Fragen haben oder meine Dienste wünschen, melden Sie sich bei mir.
E-Mail: jedlicka@hausdesfriedens.at
Website: www.problemeblockaden.org

Ich wünsche Ihnen alles Liebe und Gute, sowie viel Freude beim Begleiten.
Ilse Jedlicka

Meine weiteren Bücher

„Ich helfe Dir Deine Trauer zu lindern"
Unerträglichen Schmerz in Süße oder Liebesgefühle
umwandeln
ISBN: 9 783734 737015

„Tod Krone des Lebens"
Erfahrungen meiner eigenen Nahtoderlebnisse und
anschließend als Sterbebegleiterin
ISBN:9 783734 765674

„Lebensfreude Schatz des Regenbogens"
Obwohl die Seele unsichtbar ist,
macht sie doch den Menschen aus
und ist Großteils für unsere Gesundheit verantwortlich
ISBN: 9783751906272

„Den Himmel auf Erden"
nachhaltig und friedvoll für Lebensqualität
ISBN: 9783751957830

„Wunderbares Unterbewusstsein"
Gesundheitsfördernde alternative Methoden
Wahrnehmungen, Eingebungen, Wunder
ISBN: 9783751959117

"Engel Jenseitsbotschaften und Anderes Außersinnliche"
Erfahrungen einer Lebens-, Sterbe- und Trauerbegleiterin
ISBN: 9 783732 235650